Singe mit den Vögeln

Eigenverlag Gloria Margit Richter
ISBN 978-3-00-024377-6

Inhaltsverzeichnis

Zu diesem Buch

Ja, wie und warum ist es entstanden?
Ich Gloria habe mich immer schon für die nicht sichtbaren Dinge sehr interessiert, für alles, was sich zwischen Himmel und Erde befindet. Die unsichtbaren Kräfte, die ich immer gespürt und gesucht habe, die wollte ich finden und kennenlernen. „Den Himmel auf die Erde holen" war ein wichtiger Satz für mich, aber auch „Wie im Himmel so auf Erden" aus dem christlichen Grundgebet.
Ja, das Christentum. Ich bin in einem kleinen christlichen Ort aufgewachsen, nicht eng, aber schon vertraut mit den christlichen Inhalten. Aber den wirklichen Inhalt, die Essenz vermisste ich die meiste Zeit. Schon als Kind spürte ich intuitiv, dass es da noch viel mehr geben muss. Später begann ich in den Weltreligionen zu suchen und fand viel Interessantes, Neues aber auch viel Grundsätzliches, das sich in allen Religionsformen wiederfindet. Das beruhigte mich etwas aber wirklich befriedigte es meine Suche nicht.
Ich erlernte die Astrologie, Meditation, mediale Techniken und konnte mich damit wunderbar selbst unterstützen. Viele alte Muster und Vorstellungen wollten erkannt und aufgelöst werden. Über die Arbeit als **Medium** konnte ich immer tiefer Einblick bekommen, immer mehr die Essenz erahnen und ich fühlte mich immer wohler und erfüllter.
Ganz langsam begann ich, für andere Menschen **Botschaften aus der geistigen Welt** durchzugeben. Ein

4

tiefer Friede und ein freudvolles Glücksgefühl waren immer mit dabei.

Endlich fand ich die Intensität, die ich immer gesucht hatte. Ich empfinde bei dieser Arbeit ein Gefühl wie „Nach Hause kommen" und bin tief berührt, dass ich das erleben darf.

Der Inhalt dieses Buches, das Sie jetzt vor sich haben, ist über einen „Medialen Telefonkreis" entstanden. Die moderne Technik macht es möglich. Jeden ersten Dienstag im Monat um 8 Uhr, gab es die „Mediale Telefonkonferenz". Dies ist eine Möglichkeit, dass sich beliebig viele Menschen unter einer Telefonnummer einwählen, um miteinander zu kommunizieren. Wir sprachen nur kurz miteinander und danach verband ich mich mit der höheren Ebene und **ließ durch mich sprechen**.

Ich befinde mich in einer so genannten **„Halbtrance"** und weiß danach kaum, was ich gesprochen habe. Wenn mich anschließend jemand auf das Gesagte anspricht, bekomme ich eine leichte Erinnerung. Sonst könnte ich nichts davon wiedergeben.

Doch dank einer Kassettenaufnahme kann ich mir die Texte anhören und anschließend werden sie zu Papier gebracht.

Tja, und jetzt liegen auch vor dir die zu Papier gebrachten Texte. Jetzt darfst du schauen, ob sie dich berühren und was sie mit dir machen.

In den Lektionen gibt es im Mittelteil meist einen Frageblock zu unterschiedlichen Themen. Stellvertretend kannst du die Information oft für dich anwenden.

Die Texte sind wortgetreu wiedergegeben. Nichts ist verändert oder korrigiert. Vielleicht musst du dich erst

in den Satz- und Wortlaut einlesen.
Lediglich einen Rahmen und eine Einteilung habe ich
versucht zu finden. Warum? Ich lese gerne in Büchern
nach und finde mich dann besser zurecht.
Die Leerseiten kannst du für deine Notizen verwenden
Die Anrede „Du" und „Sie" wähle ich abwechselnd
nach Situation und Gefühl von Nähe.
In unserer Welt gibt es beides, in der geistigen Ebene
keine Differenzierung.

Ich möchte mich bei den himmlischen Mächten
für diese wunderbare Einsicht bedanken und
wünsche dir beim Lesen und erarbeiten
viel Freude und tiefe Erfahrung.

Glück und Friede sei mit dir.

Gloria

DIE TEXTE SIND WORTGETREU WIEDERGEGEBEN.
Nichts ist verändert oder korrigiert.
Vielleicht musst du dich erst
in den Satz- und Wortlaut einlesen.

Danke

Danke an Alle die mitgeholfen haben.
Danke an Alle die an dieses Projekt
und an mich geglaubt haben und
ihre wunderbare Unterstützung dazugegeben haben.
Danke an Alle die am Kreis teilgenommen haben.
Danke an Anita,
für die viele Zeit, die du mit Schreiben verbracht hast.
Danke an meine Korrekturleserinnen
Mariana und Anita.
Herzlichen Dank an
Gudrun Weiler,
eine begnadete Künstlerin und Fotografin,
du hast die Rose
für den Umschlag aufs Papier gebracht.
Danke an alle meine weltlichen Lehrer,
sehr schön, dass es euch in meinem Leben gab
und ich so Vieles lernen durfte.
Großer Dank an die Geistige Welt -
ihr habt dieses Projekt ins Leben gerufen und nicht
locker gelassen, bis es fertig war.

Danke Danke Danke

Botschaft in die Welt tragen

Themen:
Lichtpunkte, Sternennetz zum Leuchten bringen

Geliebte Kinder,
Kinder de Lichts,
des Himmels und der Erde.

Ihr sollt unsere **Lichtpunkte** sein,
mein **Licht- und Sternennetz**
hier zum Leuchten bringen.

Unsere **Botschaft in die Welt tragen**,
mein Licht leuchten lassen.
Geliebte Kinder,
ihr himmlischen Wesen,
wir danken euch für diesen wunder-, wundervollen
Kontakt.
Es ist einfach herrlich,
ja zauberhaft ist es,
mit euch in Verbindung treten zu dürfen.

Wir danken euch so vielmals dafür,
dass ihr uns die Möglichkeit gebt,
unsere Kraft hier auf Erden Wirklichkeit
werden zu lassen.
Geliebte,
viel-, vielmals Dank an euch.
Die Engelfamilie

Hier und Jetzt - der richtige Platz

Themen:
Barmherzigkeit, Geborgenheit, Führung,
Herz-Reinigung, Spannung im Kiefer,
Zugang zu Gefühlen

Seid gegrüßt geliebte Kinder.

Heute möchte ich euch, die göttliche Mutter, beehren, besuchen, mit euch in Kontakt treten.
Ich bin der Teil, Kinder, nach dem sich jedes Herz sehnt - diese starke Sehnsucht in sich spürt.

Diese **starke Sehnsucht**
nach **Vereinigung**,
nach **Nähe**,
nach **Geborgenheit**,
nach **Wärme**,
nach **behutsam miteinander umgehen**,
nach behutsam **gehalten werden**,
nach ganz behutsam in den Arm genommen werden.

Ja und Kinder, meine Kinder, mein geliebtes Kind, du ganz persönlich bist angesprochen. Du ganz persönlich bist es Wert, ganz genau du bist gemeint, zu dem ich jetzt sprechen möchte, mit dem ich in Kontakt treten möchte. Genau du mein liebes Kind bist die Person, für die ich meinen Schleier legen möchte. Für die ich meinen Schleier der **Barmherzigkeit** legen möchte **und meinen Segen** aussenden möchte. Geliebtes Kind wisse, dass **dein Weg geführt ist,** und wisse auch, dass du nicht umsonst hier bist, dass du auch hierher geführt wurdest, und dass dein Platz schon **der richtige Platz** ist.

Öffne ganz dein Herz, sei ganz hier, sei ganz anwesend, sei ganz präsent, sei hier in diesem Raum. Sei hier ganz in deinem Körper, sei ganz in der Mitte, und gib dich hier ganz hin, ganz dem **Hier und Jetzt.** Es gab ein Gestern und es gibt ein Morgen, sei ganz im Jetzt mit deiner ganzen Präsenz, sei hier. Wisse und gib alles. Gib dich ganz ein, sei nicht bei Themen von morgen, sei nicht bei Themen von gestern, sondern **sei einfach in diesem Moment** ganz hier. Und mein liebes Kind, du wirst den Lohn dafür bekommen. **Du wirst wunderbar und reichhaltig beschenkt, denn der Segen Gottes ist mit dir.**

Gesang:
Wenn zwei oder drei in meinem Namen zusammen sind, dann bin ich mitten unter ihnen.
Wenn zwei oder drei in meinem Namen zusammen sind, dann bin ich mitten unter ihnen.
Wenn zwei oder drei in meinem Namen zusammen sind, dann bin ich mitten unter ihnen.
Wenn zwei oder drei in meinem Namen zusammen sind, dann bin ich mitten unter ihnen.
Wenn zwei oder drei in meinem Namen zusammen sind, dann bin ich mitten unter ihnen.

Wenn zwei oder drei in meinem Namen zusammen sind, dann bin ich mitten unter ihnen.

Ja geliebte Kinder, es ist möglich jetzt Fragen zu stellen, wenn ihr das gerne möchtet.

Frage zu gesundheitlichen Problemen.

Das ist der Druck aufs Zwerchfell. Und zwar ist es diese Trennung vom oberen Teil zum unteren Teil. Vom oberen Körper zum unteren Körper, der ja über dieses Zwerchfell, Rippenfell, über diese Felle gezogen wird. Und es geht darum, diesen oberen Körper mit dem unteren Körper zu verbinden. Auch die oberen Chakren mit den unteren verbinden. Die oberen Chakren sind schon sehr schön durchlichtet, liebes Kind, dein Herz ist wunderbar. Dein drittes Auge ist gut entwickelt, deine Krone sieht schön aus. Ja, und dann gibt es diesen unteren Teil, und in diesem unteren Wurzelteil, der uns stark mit dem Boden und mit der Erde verbindet, da gibt es noch zu arbeiten. Die Wurzel ist es im Speziellen, die du stärken musst. Es ist das erste Zentrum und es ist das zweite Zentrum, die du stärken musst, geliebtes Kind. Die Farbe Orange ist deine Farbe für diesen Sommer, und du kannst über die Farbe Orange deinen Unterleib kräftigen und somit auch diese Trennung zwischen oben und unten ausgleichen. Das Mittel deiner Wahl ist Pulsatilla, das du noch zusätzlich verwendest. Und jeden Abend brauchst du eine Fußmassage, zuerst ein Fußbad, ein

12

heißes Fußbad, dass sich deine Füße gut erwärmen, dein Unterkörper gut erwärmt wird. Und danach ist es die ABC-Salbe oder -Creme, die du verwendest. Es ist ein Mittel, dass in Pyramiden gelagert wird, gereift ist, und das dich gut erden wird. Danach wirst du mit dieser ABC-Salbe deine Füße eincremen und es wird einen wunderbaren Energiefluss nach unten geben. Zusätzlich brauchen deine Beine, deine Waden und auch deine Oberschenkel, die brauchen Rosskastanie. Um auch hier den Energiefluss zu stärken, zu aktivieren, damit auch deine Venen, deine Venenklappen etwas angeregt werden. Ja und geliebtes Kind, das wird auch deinen Bauchraum um vieles entlasten. Trage ganz viel Orange, trage auch deine Wäsche in Orange. Da ist ein leichter Stau noch in der Galle, aber er ist nicht bedenklich. Ja, befolge diese Ratschläge und es wird dir besser gehen, Liebes.
Den ganzen Sommer über ist die Farbe Orange deine Farbe, es wird dich ausgleichen, sei gegrüßt liebes Kind.

Frage zur Entlastung der linken Seite

Weißt du, du bist einfach nicht in deinem Herzen, du bist nicht in deiner Mitte. Es ist ganz, ganz wichtig für dich, diese Herzübung zu machen.
Die Herzreinigung ist das Eine und das Andere - immer wieder ins Herz reinzuatmen, alle Gedanken fallen zu lassen, die Gedanken loszulassen. Ins Herz zu atmen, ganz klar dich ins Herz zu versenken. Das bedarf etwas Zeit, um im Herzen zu sein. Diese andere

intellektuelle Seite droht überhand zu nehmen und das möchte diese linke Seite ausgleichen, und auf sich aufmerksam machen.

Es ist zwar spannend den Intellekt zu fördern, weil er uns sehr lockt, wie ein Affe, aber dem Herzen ist es nicht förderlich.

Also, das Herz ist das einzige Zentrum, von dem aus du wirklich bei dir sein kannst. Von dem aus du wirklich auch in deiner Arbeit Menschen erreichen kannst. Von dem aus du auch in deiner Familie, etwas bewirken kannst. Es ist immer nur das Herz, mit dem wir Menschen berühren können, es ist <u>keine intellektuelle Berührung, die uns warm werden lässt. Der Intellekt ist kühl, das Herz ist warm</u>. Geh ganz tief in dein Herz, in jeder Meditation. Und es ist die Rose, es ist eine rosa Rose, die in deinem Herzen Platz nehmen möchte. Dein Herz ist verwundet, Geliebte. Es ist wie ein angstvoller Stacheldraht noch drum herum gewickelt, und langsam, langsam, darfst du mit viel Zuversicht, mit viel Vorsicht, mit viel Wärme und mit viel Nähe zu dir selbst, ihn langsam entfernen. Aber es bedarf Zeit und es bedarf Raum.

Wichtig ist auch die Verbindung zum dritten Auge und zum zweiten Zentrum, das sind deine Punkte, die wichtig sind.

Herz - zweites Zentrum - drittes Auge – Herz - zweites Zentrum - drittes Auge - immer wiederum. Nichts anderes ist wichtig für dich selbst, für deine Entwicklung. Lass dich nicht abbringen von deinem Wege. Sei tief in dir, und das ist ein Geschenk. Das ist ein wundervolles Geschenk, das du auch weitergeben kannst, aber auch nur, wenn du es selbst hast. Du kennst diese Gabe - im Herzen zu sein - du hast sie schon erlebt, du weißt, wovon ich spreche, sie ist dir bekannt. Und besinne dich immer wieder auf diese Herzqualität. Sie ist das, was dich weiter bringt. Es wird sich auch - wenn du im Herzen bist - deine linke Seite harmonisieren. Sie ist ein guter Maßstab für dich, sie ist sogar ein wunderbarer Maßstab für dich. Sie ist ein herrlicher Maßstab für dich, wie ein Kontrollmaßstab ist sie, um zu sehen, wo du gerade bist.

Ja Liebes, das Herz ist es, das dich weiter trägt. Und auch für die Sexualität brauchst du Zeit, auch dafür will Raum sein, auch dafür will einfach etwas Behutsames, Zartes, von Herz zu Herz eine Begegnung stattfinden. Das kann nicht so nebenbei, so mal flott in ein paar Minuten passieren. Das ist eine Überforderung, und Überforderungen liebt unser Körper auf Dauer nicht. Achte auf dich, gehe gut mit dir um, sei behutsam und liebevoll, du weißt, wie es geht, sei gegrüßt.

Frage wegen Druck auf dem Herzen.

Ja es ist leichter die Gedanken fliegen zu lassen, mit den Gedanken zu spielen, mit Worten zu spielen, es erscheint so, als wäre es wichtiger, aber das ist ein Trugschluss. Ihr könnt nichts, was ihr mit euren Gedankengebäuden aufgebaut habt, mitnehmen. Lass dieses, dieses wirklich unnütze Denken, lasse das fallen, lass es los. Es muss nichts perfekt sein. Und du bist genau so gewollt, wie du gerade bist. Ganz zart und ganz vorsichtig darfst du kommen, niemand und nichts verlangt einen perfekten Ausdruck, eine perfekte Frau, eine perfekte Hingabe.

Ich spüre sehr viel Spannung im Kieferbereich, sehr viel festhalten über den Kiefermuskel, sodass auch hier die Trennung zwischen diesem oberen Denkbereich und dem Körper stattfindet. Massiere jeden Tag einige Male dein Kiefergelenk mit zarten feinen Bewegungen, und das Jasminöl ist dein Mittel der Wahl. Lege auch die Zunge auf den oberen Gaumen und schließe somit den Kreislauf. Schließe den Kreis und gebe einen leichten Druck mit der Zungenspitze auf den Gaumen, so, dass auch hier etwas ins Fließen kommen darf, und diese starke Gedankenkraft, langsam, langsam, aber sei behutsam mit dir, zur Herzkraft werden kann. Dann lecke mit der Zunge ganz oft über deinen Gaumen. Mache es jetzt gleich - innen den Obergaumen und außen, und den unteren Gaumen von rechts nach links und links nach rechts, langsam und zart. Und auch innen von hinten ganz rund um, bis zur anderen Seite und auch den oberen inneren Gaumen ganz behutsam, zärtlich und liebevoll. So, dass du dich wieder spürst, auf eine andere Art und Weise. Auf eine zarte, sinnliche Weise und damit auch deine Worte diese liebevollere Schwingung annehmen dürfen. Mache immer, wenn du Raum und Zeit hast für dich diese langsamen vorsichtigen zarten Zungenbewegungen. Und gewöhne dich nicht daran, sondern sei auch mit dem Bewusstsein dabei, es ist nicht ein reines mechanisches Lecken, so einmal schnell drüber und fertig, abgehakt und erledigt, wunderbar und es passiert gar nichts. Sondern, es ist dieses, ich bin mit dem ganzen Bewusstsein, mit dem Herzen, mit meiner ganzen Konzentration und Zentrierung, bin ich genau im Gaumen und lecke von Zahn zu Zahn, ganz vorsichtig, zart und liebevoll meinen eigenen Mund. Und du wirst merken, dass sich über diese Übung eine große Veränderung einstellen wird. Deine Gedanken werden feiner, sie werden zarter und dürfen irgendwann ins Herz rutschen. Klopfe auch noch mit deinen Fingern von oben an der Schädeldecke, trommle so ganz langsam und zart. Probier es gleich aus und sei auch hier wieder sehr sinnlich, sehr fein, ein ganz zartes anklopfen. Diese Krone, dieses Kronenzentrum, ist sehr fein und auch sehr verletzlich. Sehr, sehr zart, ganz, ganz, ganz, ganz fein, viel feiner Kind, nicht mechanisch, sondern ganz, ganz, ganz feine, feine, feine Berührungen. Und sei mit dem ganzen Bewusstsein wiederum bei dieser Berührung. Atme dabei, niemals bei Übungen den Atem anhalten, sondern immer atmen. Immer wenn ich etwas kontrollieren möchte, oder in die Angst rein falle, dann halte ich den Atem an. Lass es zu, atme dabei und dann werden sich diese Gedanken verfeinern. Ja mein Liebes das ist deine Aufgabe, die göttliche Mutter umarmt dich, und verabschiedet sich von dir.

Sei gesegnet.

Nächste Teilnehmerin bittet um
Linderung der Krankheit ihrer Schwägerinnen.

Ja, sei gegrüßt liebes Kind. Um eine Schwägerin sollst du gar nicht bangen, da brauchst du gar keine Angst haben. Dein Herz ist rein und da darfst du vollkommen vertrauen, und da darf alles seinen Lauf gehen.

Bei der zweiten Schwägerin, da gibt es noch etwas aufzulösen. Da ist noch ein Befreiungsweg notwendig. Und das ist der Weg, weißt du liebes Kind, den muss sie für sich innerlich vom Herzen her gehen. Aber es ist gut für dich, es zu wissen. Und es ist auch gut, diese Auflösung jetzt zu machen. Und sie wird die Bereiche, die noch nicht erlöst sind, sie wird es zu dreiviertel erlösen können. Es wird in diesem Leben nicht ganz möglich sein, aber auch das ist schon sehr viel. Deine Fürsorge, deine liebevolle Zuwendung ist wundervoll. Glaube einfach das Beste und du weißt es wird geschehen. Du hast es an deiner eigenen Heilung erfahren, mein liebes Kind. Ja.
Möchtest du noch eine Frage stellen?

Ja sei gesegnet Liebe, mach dir keine Sorgen. Es wird gesorgt für deine Schwägerinnen, sie sind in guten Händen. Ja. Gnade mit dir und den Mantel des Segens für deine zwei lieben Schwägerinnen. Es ist gut.

Frage zur beruflichen Erfüllung.

Nein, geliebtes Kind, heute kann ich dir keinen Hinweis geben. Du darfst einfach heute genießen. Und auch noch eine Weile genießen. Genieße dein Glück und behalte es so lange, wie es dir möglich ist. Sei ganz in Freude und Friede, und lass diesem Gefühl ganz stark Raum, lass diesem Gefühl wunderbar Platz und verströme dieses Gefühl. Lasse dir noch etwas Zeit für diese berufliche Veränderung. Warte noch einen Moment.

Ja Liebes, du bist gesegnet, es ist wunderbar. Und genieße diesen Segen einfach in dieser ganz großen Fülle. Glaube an Wunder, und glaube auch weiterhin an Wunder.
Sei gesegnet.

Frage nächster Teilnehmer
Zugang zu den Gefühlen

Ja Liebes sei gegrüßt. Liebes, du solltest dringend Einzelsitzungen nehmen, dass du ganz bei dir bist, ganz dich um dich selbst bemühen kannst. Dass du ganz in deine eigene Mitte kommen kannst, die ganze Wahrnehmung nur auf dich gerichtet ist, wo du das Fühlen lernst und wo du das Spüren lernst. Es gab in sehr, sehr frühen Zeiten ein Erlebnis, ein schmerzhaftes Erlebnis, und von diesem Zeitpunkt an, hast du dich abgeschnitten vom Gefühl. Und langsam merkst du, dass du es vermisst. Du solltest unbedingt, du darfst Körpersitzungen nehmen, ja. Ich werde dich dabei unterstützen und ich werde meinen heilenden Mantel über dir ausbreiten. Du kannst hier an diesem Ort bleiben, hier wo du schon viel gelernt hast, du kannst noch einiges weiter lernen und dich begleiten lassen. Es ist gut gesorgt für dich hier, du bist in guten Händen Liebes.
Du solltest <u>einschlafen</u>, in dem du <u>deine Hände auf den Bauch legst</u>, sodass du nachts die Wärme deiner Hände am Bauch spüren kannst. Ja und zwar liebevoll spüren kannst, auch mit dem Gefühl, mit dem Herzen in die Hände gehen. Die Hände vorher reiben, damit sie gut warm sind und auf den Bauch legen.

Liebes, es wird dir in nächster Zeit ein Kuscheltier begegnen, das Platz bei dir sucht. Ein kleines Stofftier, mit dem du ohne Scheu, ohne Ablehnung und ohne Bewertung, wieder anfängst, dein Bettchen zu teilen. Du wirst es spüren, wenn es hier ist. Es dauert nicht lange, du wirst es sehr bald treffen. Und mit Kuscheltier meine ich wirklich ein reales, ein realistisches Stofftier, es ist kein Pseudonym, keine Umschreibung für etwas Anderes. Beginne mit diesem kleinen Kuscheltier dein Bett zu teilen. Und beginne mit ihm zu flirten, beginne es anzugucken, beginne, für es Wärme und Liebe zu empfinden. Langsam, lass dir Zeit, auch wenn es dir anfangs sehr seltsam erscheint.

Es ist ein Prozess, der langsam seinen Weg gehen wird. Gefühle, die können wir nur sehr schnell über tiefen Schmerz lernen, und das Liebes wollen wir dir ersparen. Das brauchst du nicht, daher lass dir diesen Raum zum Spüren. Dieses ganz langsame und leichte aufrollen der Gefühle. Arbeite an dir, sei gegrüßt.

Ja dieses Kuscheltier ist das Geschenk von uns an dich. Sehe es nicht als so ein ganz normales Ding, so ein Stofflappen, sondern sehe es, als Geschenk der göttlichen Mutter an, gib ihm diese Wertschätzung.

Sei gegrüßt.

Muttergottes verabschiedet sich:
Ich kann euch nur helfen, wenn ihr euch öffnet,
wir warten auf euch, ihr habt schon viel gearbeitet.
Schön, dass ihr da seid,
ihr könnt euch auf die Schulter klopfen.
Bis zum nächsten Mal,
seid gegrüßt liebe Kinder.

Ja zum Entwicklungsweg

Themen:
Taufe, Entwicklungsweg, Segnung

Geliebte Kinder, ich bin es, der heute mit euch in Kontakt treten möchte. Ja, **Johannes der Täufer**. Der Vorbereiter, der Fischer - der seinerzeit mit einem Boot unterwegs war und sich danach für Menschen einsetzte.

Ja ich bin derjenige, der vorbereitet. Ich bin derjenige, der die Menschen versammelt hat. Der die Menschen zur Quelle gebracht hat, der die Menschen an den Fluss geführt hat, sei´s der innere oder auch der äußere Fluss.
Der äußere Fluss, die **Taufe**, das ist ein Zeichen, ein Symbol, das ich setzen durfte. Das ich setzen durfte aus der großen Quelle heraus. Aus der großen Quelle, aus der ich gespeist wurde.

Viele Vorbereitungen durfte ich erledigen, bis mein Meister auf die Erde kam. Bis mein Meister, der Sohn Gottes auf die Erde zu den Menschen kam. Und **es ist noch so wie damals, es hat sich nicht wirklich etwas verändert.** Die Menschen sind die gleichen geblieben, die Menschen schauen aus wie damals, die Menschen denken wie damals, und die Menschen, ja sie sind auch wie damals.

Es gibt Liebe unter den Menschen, es gibt Zuversicht unter den Menschen und es gibt Kampf und es gibt Neid unter den Menschen. Wie damals, so auch heute. Es hat sich nicht wirklich etwas verändert, geliebte Kinder.

Und ich bereite wie damals, noch immer den Boden vor. Ich bereite wie damals in euch den Boden vor. Es gibt diese äußere Taufe, aber gemeint ist damit die **innere Taufe**. Dieses innere Ja sagen.

Geliebte Kinder, ich möchte, dass ihr die Taufe empfangt, dieses innere Ja sagen - durch meine Botin, durch meine Schwester - Gloria Margit.

Geliebte Menschenkinder, ihr habt fast ein Jahr durchwandert, ihr habt fast ein Jahr gute Arbeit geleistet.

Geliebte Kinder, euer Jahr geht bald zu Ende, euer erstes Jahr. Und wer von euch möchte, der kann dieses erste Jahr mit einem Segen abschließen. Mit einem Segen abschließen, den ich Taufe nenne.

Auch wenn es sich für dich im Moment als großes Wort anhört, diesen riesengroßen Bereich, es ist einfach nur eine Stufe in dir, zum Ja sagen. Zum Ja sagen auf deinem eigenen **Entwicklungsweg**, auf deiner spirituellen Ebene. Zum Ja sagen zu dir selbst und um für dich ein Zeichen zu setzen. Ja, ich habe wirklich ja gesagt, ich habe wirklich Ja zu diesem Weg gesagt.

Liebe Kinder, es wäre mir ein großes Anliegen, euch beim nächsten Mal in meine Gemeinschaft aufnehmen zu dürfen. Es besteht keine Verpflichtung, natürlich nicht, niemals, niemals. Es ist deine ganz, ganz persönliche freie Wahl, deine ganz persönliche freie Entscheidung, liebes Menschenkind, einen Schritt weiter zu gehen. Einen Schritt, um ganz klar zu dir ja zu sagen.

Geliebtes Kind, fürchte dich nicht, und auch du Gloria fürchte dich nicht. Wir sind mit euch. Wir sind mit euch, das sollt ihr wissen, ganz, ganz tief im Herzen sollt ihr das wissen, wir sind eure Begleiter.

Und auch du Gloria bist jetzt so weit, dass du meine Botin sein kannst, dass du noch einen Schritt weiter gehen kannst, und diese wunderbare Segnung weitergeben darfst.

Ja liebe Gloria Margit, auch wir, der Himmel, wollen zu deinem Wiegenfeste, zu deinem Jubiläum da sein, und das ist das Geschenk von uns an dich. Nimm es an. Breite deine Hände aus, nimm es an, denk nicht nach, tue es einfach.

Segne die Welt - und die Welt und die Menschen, die du berührst, sie werden ein Stückchen besser werden, sie werden nur profitieren davon. Und es ist ein wunderbares Stück Weg, dass du sie begleiten darfst.

Segen auf euch, ganz, ganz riesig großer Segen auf euch, geliebte Kinder.

Jetzt bleibt einfach mal in der Ruhe in der Stille im Herzen, geh ganz in dein Herz, und spüre, spürt einfach, wie es um dich steht, spüre, wie du dich fühlst. Spür ganz, ganz dein Herz.

Es ist eine ganz, ganz große Meister- und Engelschar um Euch, die in ganz starker Liebe mit euch verbunden ist.

Ehre sei mit euch.

Fragen zu Beziehungen

Themen:
Schwingungserhöhung, Mutter-Tochter,
Notwendigkeit einer Mann-Frau Partnerschaft? Weiter-
geben, Gewahrsein, Kamille

Ich bin Ezechiel heute, der zu euch sprechen möchte.
Ich begrüße Euch.
Ich bin eine sehr feine Energie, die nicht allzu oft von
den Menschen gehört wird, mit der die Menschen nicht
allzu oft in Kontakt sind. Und darum ist es für mich
auch gar nicht ganz so leicht hier Fuß zu fassen. Hier
aktiv den Raum einzunehmen. Jedoch freue ich mich
sehr, hier zu sein.

Bleib du einfach in der Stille, in deinem Herzen, bis ich
hier richtig Platz genommen habe.

Jetzt ist es gut geliebte Kinder.

Geliebte Kinder im Licht, wunderbar mit euch zu sein.
Es ist mir eine Freude, es ist mir eine Ehre, Dank an
euch, dass ihr hier seid.

Die, die etwas wissen möchten,
die mehr wissen möchten
und Ohren haben zum **Lauschen**.

Die, die wissen möchten
und Augen haben zum **Sehen**.
Und die, die wissen möchten
und die Zunge gebrauchen zum **Weitergeben**.

Die Zeit, meine geliebten Menschenwesen, wird sich in nächster Zeit anheben, es wird eine **höhere Schwingung** hier auf der Erde entstehen. Das ist für euch kein Problem. Ihr seid in guten Händen, ihr seid im Gewahr. Ihr seid im **Gewahrsein** und ihr könnt in dieser Schwingung gut **mitfließen, mitlaufen**, ja **mitspringen, mittanzen**. Ihr könnt in dieser Schwingung auch ganz wunderbar **mitschweben**. Du brauchst dich nicht festzulegen, sei nur offen, sei nur offen und fließe mit. Die Himmelsunterstützung ist mit dir.
Ja, es ist jetzt Zeit, wenn ihr mir <u>Fragen</u> stellen möchtet.

Gibt es etwas, wobei ich euch unterstützen kann, wobei ich euch weiterhelfen kann?

Frage zur Partnerschaft.

Das ist eine karmische Beziehung, wo Gleiches, wieder Gleiches anzieht. Ähnliches mit Ähnlichem verschmilzt und wo viele Übereinstimmungen stattfinden. Ja, gehe mit ihm, verlebe mit ihm die Zeit, aber lass es dir gut gehen, verbinde dich mit den schönen Bereichen. Verbinde dich in der Liebe, verbinde dich im Herzen mit ihm. Aber ihr habt auch die Entscheidung, diese Entscheidung musst du tagtäglich fällen, tagtäglich, stündlich, minütlich, sekündlich, musst du diese

Entscheidung fällen, dich auf die guten Bereiche, ganz genau auf die guten Bereiche zu stützen.

Die Augen sind für euch sehr wichtig, der Kontakt über die Augen, der ist es, wo die Qualität liegt. Es ist nicht so sehr die Sexualität, die das Hauptgewicht ausmacht. Die du natürlich leben kannst. Aber der Augenkontakt, durch ihn erfährst du im Sehen sehr viel. Schau ihm ganz oft in die Augen, lese in seinen Augen. Das ist die Ebene, die für euch Großartiges beinhaltet. Und auch der Punkt zwischen den Augen, das sogenannte „Dritte Auge", auch darüber kannst du mit ihm sehr stark kommunizieren. Indem du dich stark auf dein drittes Auge konzentrierst und er auch, und ihr hier in Kontakt geht. Aber auch, indem du mit deinen zwei weltlichen Augen den Kontakt zu seinem dritten Auge aufnimmst. Zu dem Mittelpunkt zwischen den Augen, das ist die Aufgabe.

Der Segen mit dir, Liebes.

Jede Beziehung hat eine andere Aufgabe, wisst ihr, es gibt keine bessere und es gibt keine schlechtere. Es geht nur darum, die Aufgabe zu erfüllen. Lebe die Aufgabe, die genau für dich die Richtige ist.

Frage einer Teilnehmerin zur Begleitung ihrer Tochter.

Sie muss wissen, dass du ihr immer die Hand reichst. Dass deine Hand immer, immer ausgestreckt ist für Sie, dass die Hand immer offen ist für sie. Manches Mal wird sie sie nehmen, manches Mal vielleicht auch nicht. Aber lass du deine Hand immer offen, gehe in keinen Rückzug. Gehe auch niemals in ein „nachtragend sein". Strecke du immer deine Mutterhand aus. Und unterstütze sie im Moment auch finanziell. Sie braucht dieses Gehaltensein und auch losgelassen sein, wenn sie es möchte, nicht so sehr dann, wenn du es möchtest. Lasse sie den Zeitraum wählen, lasse sie es bestimmen.

Ich sehe auch, dass du ihr immer wieder Pakete machst, sie immer wieder unterstützt und auch finanziell unterstützt. Sie wird es dir danken, sehr, sehr sogar, auch in späteren Jahren. Sie wird eine sehr liebevolle, sehr dankbare Tochter später sein. Alles was du ihr gegeben hast, kehrt zu dir zurück später.

Gib ihr als Symbol ein Kreuz, das Material ist nicht wichtig, aber gib ihr als sichtbares Zeichen ein Kreuz. Es wird ihr gut tun. Und es wird viele Erinnerungen in ihr zu dir wach halten, zu dir wach rufen, immer wieder. Und Pulsatilla tut dem Mutterherzen gut, das jetzt manchmal sich zurückziehen darf, aber niemals loslassen wird. Und auch sie kann 3 Kügelchen Pulsatilla nehmen, mehr nicht. Du Liebe, nimm es über einen längeren Zeitraum.

Segen auf dich.

Frage einer Teilnehmerin zu ihrer Entwicklung und Notwendigkeit einer Partnerschaft.

Nein Liebes, für die Entwicklung ist es nicht notwendig. Nein. Wenn du Sehnsucht hast, dann öffne dich, aber es ist für die Entwicklung nicht notwendig. Nein. Nein gar nicht. Du entwickelst dich kontinuierlich weiter, Liebes, gut. Du machst schöne Fortschritte, es ist gut so. Nein. Nein, und noch mal nein, du brauchst nicht die Auseinandersetzung, oder auch Zueinandersetzung mit einem Partner, um dich selbst zu entwickeln. Das ist bei dir nicht notwendig. Nein. Es ist gut so, wie es ist, wir sind zufrieden mit dir.

Gesegnet seihst du Liebe.

Nächste Teilnehmerin ohne Frage.

Du brauchst nicht vorsichtig sein, hab keine Angst, es ist in Ordnung.
Die Kamille tut dir sehr gut, Kamillosan im Bad, Kamillentee, und auch wenn du Gemüse röstest, beim Kochen, wenn du es brätst, dann gib Kamillenblüten dazu. Einfach aus der Tüte die ganzen Kamillenblüten gekauft, röstest du sie mit. Du kannst sie über den Salat oder über das Gemüse streuen. Was immer du zubereitest, es wird dich nähren. Es wird deinen Körper pflegen und auch deiner Seele Stabilität geben. Kamille ist dein Mittel.
Du kannst auch einen Brotaufstrich machen, so eine Kräuterbutter mit diesen gerösteten Kamillenblüten drinnen. Nimm sie zu dir so oft du kannst, so oft es dir möglich ist. Nimm dir Zeit für dich Liebes. Es wird dir sehr gut tun. Vieles braucht eine Basis, vieles braucht ein Gefäß, was aufgefangen werden möchte, auch zum Schutze.
Es wird gut.
Segen mit dir!

.

Alles Gute für Euch Geliebte.

Ich verabschiede mich.

Segen mit euch.

Schmerzhaftes loslassen

Themen:
Altes loslassen, Entscheidung, Führung, annehmen

Ja ich bin es,
der Erzengel **Michael**,
der gerne mit euch in Kontakt treten möchte.
Der euch gerne berühren möchte,
der seine Liebe auf euch aussenden möchte.
Ich möchte gerne jede von euch umgarnen,
ich möchte gerne jeder von euch
meine Liebe schenken,
und ich möchte jeder von euch
meine direkte **Unterstützung** anbieten.

Ich bin Michael mit dem Schwert, und das Schwert ist dazu gedacht - das Feuerschwert - Altes abzutrennen, Altes aufzulösen. Alte Dinge, die ihr bereit seid, loszulassen, einfach abzutrennen.

Geliebtes Kind, geliebtes Kind im Lichte, **lasse los**, lasse alle alten schweren Dinge einfach los, du brauchst sie nicht mehr halten. Du brauchst sie nicht mehr festhalten. Du brauchst absolut nicht mehr deine ganze Vergangenheit mit dir rumschleppen.

Ich bin die unterstützende Energie, die dafür zuständig ist, genau dir diesen **Lichtfunken** zu bringen. Und mit dem Lichtschwerte, das nur ein Symbol ist, möchte ich das bei dir bewältigen.

Lege ein Ereignis vor mir dar. Ein Ereignis, von dem du dich heute trennst, lege es als Ereignis einfach vor mich hin. Ein Ereignis, das dich schon lange, lange begleitet und schon viele Schmerzen in dir ausgelöst hat. Lege es wie, vor dich auf den Tisch. Nimm es aus dir heraus, denn es war bis jetzt tief in dir verankert. Du hast es viele Jahre mit dir herumgetragen, ich würde mal sagen, unnützerweise, aber das kann ein Menschenkind hier auf der Erde nicht so genau nachvollziehen. Und daher sei dir bewusst, es ist **deine Entscheidung**, **du kannst dich davon trennen**. Nimm es jetzt aus deinem Herzen, aus deinem Körper heraus und lege es vor dir auf den Tisch. Lege es einfach wie ein Bild auf den Tisch.

Lege diesen **Jammerhaufen**, lege dieses **Sodom und Gomorra**, lege diesen Zankapfel, lege diesen **Schmerz** einfach auf den Tisch. Mach so ein Päckchen daraus, das auf dem Tisch liegt. Es ist wie mit einem dünnen Faden mit dir noch verbunden. Und diese letzten Verbindungsschnüre, die werde ich abtrennen.

Bist du innerlich bereit? Dann gib mir dein Ja.
Sprich es laut aus.

JA

OK

Kinder des Lichts, es ist jetzt ein ganzes Stück von euch abgefallen, es ist abgetrennt und es wird dich auch nicht mehr begleiten in deinem Leben. Es ist abgetrennt.

Und deine Aufgabe ist es, **nicht mehr zurückzuschauen**, es ist vorbei, es ist absolut vorbei. Und das ist mein Geschenk für euch, für dich, für dich jedes einzelne Kind,

-Wesen hier in dieser Gruppe, die ihr hier zusammen seid.

Und geliebtes Kind, habe keine Angst. Habe keine Angst geführt zu werden, gib dich hin, **gib dich der Führung hin**, du bist nicht umsonst hier. Es ist schön, dass du hier bist. Wir aus der geistigen Welt bedanken uns für dein Dasein. Es ist wunderbar, dass du dem Ruf gefolgt bist, denn das ist **dein Schritt**, uns auch anzuhören, uns **anzunehmen. Da sind wir, die geistige Welt, immer für dich.** Immer. Das, geliebtes Kind, solltest du, darfst du immer wissen, darfst du immer annehmen.

Gesegnet seid ihr, und tief und herzlich umarmt

von

Michael

Friede

Themen:
Lebensaufgabe – in die Mitte kommen, verschenke dich
der Menschheit, liebendes Ausstrahlen, vergleiche dich
nicht, Freude, Genuss, Auftrag, Friede, Lebensziel,

Danke für dein Sein, ja danke dafür,
dass es dich gibt.
Danke dafür, dass du bereit bist,
an dir zu arbeiten.
Danke dafür, dass du bereit bist
dich zu öffnen,
und danke dafür,
dass du bereit bist.
Dass du einfach bereit bist.
Dass du da bist, das ist ganz viel Wert.
Das hat einen hohen Stellenwert.

Und du weißt, dass der **Wert** in der Welt sehr unterschiedlich betont wird, dass sehr unterschiedlich bewertet wird. Dass immer und überall gewertet wird. Ja der Wert hat schon was, der Wert ist etwas **Besonderes.**

> Und ganz wichtig ist, was du dir selbst Wert bist.
> Dein Eigenwert, dein Selbstwert.
> Dein Eigenes, dein Innerstes, da ist die Wertigkeit.
> Das ganz alleine, meine Liebste, das ist wertvoll.

Und wenn du wertvoll bist, dann bist du auch voll mit Werten. Voll, gefüllt, mit wunderbaren **wertvollen Eigenschaften**. Mit wunderbaren wertvollen Bereichen, die dich im Leben begleiten, die du **ausstrahlen** kannst und die du auch für andere Menschen einsetzen **darfst und sollst**.

Alles was du bis jetzt gelernt hast, das darfst du, ja **das sollst du weitergeben**. Es gibt nichts, rein gar nichts, was du zurückhalten sollst. Nein, Liebes, gar nichts. Verschenke dich, **verschenke dich der Menschheit**. **Versprühe dich**, und hab keine **Angst, musst du nicht haben**. Nein, Angst brauchst du gar nicht haben.

Vielleicht hast du manches Mal Angst
vor Anfeindungen,
vielleicht hast du manches Mal Angst,
nicht zu genügen.
Vielleicht hast du manches Mal Angst
vor Anderen.
Andere sind anders.

Andere sind einfach nicht da, wo du bist, sind anderswo. **Nicht besser und nicht schlechter**. Anders, und **anders ist in Ordnung**. Das ist manches Mal für dich auch eine große Prüfung. Anders als **gleichwertig** zu akzeptieren. **Jeder Mensch hat einen anderen Auftrag**, mit dem er hier auf die Erde gekommen ist. Wichtig ist es, dass wir unseren Auftrag erfüllen. Dass du, mein Liebes, deinen Auftrag erfüllst. Dass jeder andere seinen Auftrag erfüllt, dass jede andere ihren Auftrag erfüllt. Aber wie dieser Auftrag gestaltet sein mag, das kannst du nicht immer wissen. Manche Menschen sind noch sehr stark in der Materie verhaftet, müssen noch sehr **grobe Dinge erledigen**, aber auch das ist nicht besser und nicht schlechter. Manche Menschen sind sehr im **seelischen Bereich** tätig, auch das ist nicht besser und nicht schlechter. Manche sind sehr im **liebenden Bereich** tätig, das ist natürlich wundervoll, aber auch dann stellst du dich bitte nicht über andere. Es ist eine große **Lernaufgabe**, ganz bei sich zu sein. **Ganz bei sich zu bleiben**, immer bei sich zu bleiben. Und einfach nur **liebendes Ausstrahlen** zu sein. Und wenn du es nicht bist, dann bist du es eben gerade nicht. Aber **du hast ein Ziel**, und dieses Ziel, **dein Lebensziel**, das sollst du anpeilen. In diesem Ziel, da ist alles enthalten, und **das soll auch deine einzige Ausrichtung sein**. Alles andere ist Pippi-Kram, Beiwerk, Pippifax, Alltag. Und liebe **auch deinen Alltag**, sodass du dich wohlfühlst.

Genieße dein Leben.
Leben soll Freude sein.
Leben soll Genuss sein.
Leben darf Liebe sein.
Leben darf Freude sein.

Vergleiche dich **nicht** mit anderen, vergleiche aber auch Andere nicht mit dir, brauchst du nicht. Es ist alles da, was du in deinem Leben haben möchtest, was du haben musst.

Mach dein Herz auf,
und sag einfach nur Ja zu deinem Leben.
Ja, Ja und nochmals Ja.

Das ist die Botschaft für heute. Dir ein ganz klares Ja zu geben. Dieses absolute Ja.

Und wenn du möchtest, dann kannst du jetzt eine persönliche **Frage** stellen, und gib mir deinen Namen bitte.

Frage:
Was ist meine persönliche Lebensaufgabe?

Antwort:
Genießen, in den Genuss kommen, freudvolles genießen des Lebens. Kein zu viel und kein zu wenig. Die Mitte finden. Sorgen los lassen. In der Mitte gibt es keine Sorgen. Dich ganz klar nach der Mitte auszurichten, und Genuss, Genuss, Freude haben. Und dein **Mondknoten** sagt dir ganz genau die Ausrichtung, da kannst du es auch ganz klar noch nachlesen. Weil du auch immer etwas fürs Auge brauchst, etwas zum Verstehen auch brauchst. Später Mal, wenn du deinem Herzen noch mehr vertrauen kannst, wenn du es weißt, dann wird es sehr schön fließen. Aber jetzt brauchst du noch etwas, womit du auch deinen Geist füttern kannst.
Ja.

Vielen Dank

Frage:
Wie kann ich meine eigene Mitte finden, und was kann ich dafür tun?

Antwort:
Hallo neues Kind im Kreise.
Mitte, Mitte, Mitte. Nimm die **Pyramide** als dein Zeichen. Es gibt vier Seiten, eine Standfläche und es geht alles oben in die Spitze zusammen. Das ist der Mittelpunkt, da ist die Mitte für dich. Und auf diesen vier Element-Seiten, darauf baust du deine Mitte auf. Über diese vier Elemente, das Feuer, die Luft, über die Erde und das Wasser. Wenn du diese Bereiche in dein Leben mit einbeziehst, mit einbezogen hast, alle vier - wieder keines besser - keines ist schlechter, es ist einfach, wie es ist - dann bist du in der Mitte. Und dann geht es darum, sich aufzurichten, nach oben zu öffnen und das passiert über das oberste **Scheitelzentrum**. Es ist die Aufgabe bei dir, an dem Scheitelzentrum zu arbeiten, um es zu öffnen. Ja, da ist noch viel Unklarheit drinnen, und das Bedarf noch eines **Rundwerdens**. Eines Rundwerdens, um dadurch in die Mitte zu kommen. Und wenn dein oberstes Zentrum geöffnet ist, dann hast du auch die Anbindung nach oben. Und das Vertrauen und die Liebe, und die Glückseligkeit, können in dich einfließen. Durch dich durchfließen. Und es darf ein wunderschöner Fluss entstehen. Ja.

Frage: War es das?

Antwort:
Ja, arbeite an deinem Zentrum, das ist gut, ja.

Frage:
Ich möchte gerne wissen, ob es zu meiner Lebensaufgabe gehört, andere mit der universellen Energie, der göttlichen Liebe, der Energie, dem Licht, zu behandeln, oder nicht. Oder ob ich das nicht soll?

Antwort:
Du kannst das Wort „behandeln" einfach weglassen. **Schenke diese göttliche Liebe**, was kann es denn Schöneres geben. Was kann es denn Wundervolleres geben, als die göttliche Liebe, das **göttliche Licht durch dich durchstrahlen zu lassen.**
Gib einfach, lass es einfach strahlen. Schön, dass du da bist. Schön, dass du heimkommst. Ja Liebe, du darfst absolut weitergeben. Weitergeben ist wundervoll, ausstrahlen ist wundervoll, geben ist wundervoll. Alles was du empfangen hast, gib es, gib es mit **offenen Händen**. Gib es mit offenen, großen, weiten Händen, und strahle einfach aus.
Und vergiss die ganzen alten Dinge, vergiss das bitte. Vergiss die bitteren Pillen von früher, die alten Dinge, vergiss sie. Vergiss alles, was mal war, kein Vergleich, keine Bewertung von früher. Jetzt, jetzt, heute nur, jetzt in diesem Moment. Und es gibt nichts abzutragen, es gibt nichts abzudienen, es gibt keine Schuld. Sei ganz klar im Hier und im Jetzt, im Moment, und lasse die Menschheit daran partizipieren.
Und deine Öffnung, das ist die **Herzöffnung**. Die ist wichtig, dann kannst du noch etwas mehr Scheue ablegen. Da ist noch ein bisschen Angst rundum. Deine Ebene ist die Herzarbeit. Da möchte ganz viel Rosa in dein Herz. Und dir möchte ich die Farbe Rosa ans

Herz legen, ganz tief, dass du ganz viel, ganz viel rosa trägst. Rosa direkt am Körper trägst, muss nicht nach Außen sein, aber innen Rosa, die Herzfarbe. Das tut dir sehr gut, und das wird vieles versöhnen in dir. Grün ist nicht so wichtig, kann im Außen sein. Grün ist nicht so eine entscheidende Farbwahl für dich. Schlafe auch in Rosa. Durch diese Farbschwingung wird sich Vieles in dir ins rechte Licht rücken. Ja, umgib dich einfach mit viel, mit viel von diesem Rosa. Und nehme es immer wieder in deinen Blickpunkt, in deinen Blickwinkel. Verbinde dich mit diesem Rosa auch über die Augen, auch über das Herz, über deinen ganzen Körper. Damit sich diese **rosa Schwingung** einpendeln kann. Gebenedeit seihst du unter den Frauen. Es ist wunderbar. Ja, ja.

Frage:
Wie komme ich in meine Mitte?

Antwort:
Mitte, Mitte, wollt ihr alle in die Mitte?
Mitte, Mitte, Mitte.
Mitte, ist ja auch schon ein Wort, wenn man es teilt in der Mitte, Mit-te, es ja zwei Teile gibt. Einen Teil, den du selbst lebst, und einen Teil, den du abspaltest. Den du sozusagen projizierst auf deine Umwelt. Und wenn du dir diesen nach außen **verlagerten Teil zurückholst**, dann bist du nicht mehr halb, dann bist zu sozusagen wieder ganz. Und dadurch auch in deiner Mitte. Und das ist ein wichtiges Thema, zu schauen, wer hat denn diesen anderen Teil von mir, wo ist denn dieser geblieben, dieser andere Teil von mir? Und

wenn ich diesen anderen Teil von mir immer wiederum suche, und auch suchen muss, weil ich mich so halb fühle, dann ist es gar nicht leicht, in der Mitte zu sein. Weil ich ja nur die Hälfte ausfülle. Und es geht bei dir darum, diese andere Hälfte sich zurückzuholen, ja, sie sogar zurückzuerobern. Es bedarf etwas **Mut**. Oh nein, das bedarf sogar sehr viel Mut für dich. Diese Hälfte sich zu holen, denn du weißt noch gar nicht, wo sie ist. Da darfst du noch ein bisschen schauen, wo ist meine zweite Hälfte, damit ich wieder ganz bin, damit ich wieder ganz in meine Mitte komme. Denn diese zweite Hälfte, die fehlt. Und da bist du auch sehr bestrebt, die zu ersetzen, diese zweite Hälfte.

Die Scharfgarbe ist ein Mittel, das dich unterstützen wird. Das Essen kann ruhig scharf sein, das du zu dir nimmst, das kann gut würzig sein. Es soll gut vollwertig sein. Fleisch musst du nicht essen, kannst du mal, aber musst du nicht essen. Du musst nicht die Tierenergie in dir haben, musst du nicht. Und die Hirse ist für dich fantastisch, die Braunhirse. Das Braunhirsemehl, oder die Hirse in jeglicher Form, wie immer du sie magst, die Hirse ist sehr, sehr gut. Und Koriander ist sehr, sehr gut für dich. Und Absinth ist gut für dich, und auch ein bisschen Essig. Du kannst ein paar Tropfen Essig in dein Trinkwasser geben, nicht zu viel. Mit Zitrone vorsichtiger sein, auch Mal ein paar Tropfen, aber sehr, sehr wenig. Ein bisschen Essig und ein bisschen Honig und ein bisschen Koriander. Das wird dich wiederum gut zusammenfügen.

Und dann darf die Liebe bei dir wieder einkehren. Die Liebe zu dir selbst, die Liebe zu den Menschen, die Liebe zu deiner Umgebung, einfach die Liebe. **Liebe leben**. Ja, Liebe leben, Ja, Liebe leben ist das Richti-

ge. Liebe Leben. **Nie – gibt es nicht mehr in deinem Wortschatz.** Es darf vieles passieren, es darf vieles in dein Leben neu reinkommen. **Ja es darf vieles in dein Leben neu reinkommen!** Das fühlt sich sehr schön an! Ja. Habe keine Bange, keine Angst. Es ist im Lot, ja.
Es ist alles im Lot. Ja.

Ja, ja, ja meine Lieben und ich möchte euch noch sagen, dass es wundervoll ist, dass ihr hier seid. Hab ich schon gesagt, weiß ich, wiederhol ich jetzt noch mal, aber es ist einfach so. Sag ich manches Mal öfters. Und - aber es ist einfach auch so - dass wir Wesen aus der **geistigen Welt**, uns sehr, sehr freuen, sehr, sehr, sehr freuen, wenn wir ausgesprochen werden.

Da sind wir ja oft. Ihr braucht nicht denken, dass ihr alleine seid, nein, nein, ihr seid gut beschützt, ihr seid gut behütet, wir sind immer irgendwo, um euch.

Und dann möchte ich dir noch vielleicht mitgeben,
dass du uns ganz klar **anfordern** kannst,
dass du uns ganz klar um etwas **Bitten** kannst,
dass du ganz klar für uns **Aufgaben**
bereithalten kannst,
und wir uns sehr bemühen werden,
die auch zu erfüllen.
Also ihr Lieben, ihr dürft uns, die geistige Welt, ruhig beschäftigen.

Auch wenn ihr nicht im sprachlichen Kontakt seid, dann ist eure Kontakt-Möglichkeit eben eine andere.

Wir freuen uns darüber. Sehr sogar. Also ladet uns ruhig ein. Wenn du irgendwo hingehst und du bist etwas unsicher, lade mich bei deiner Arbeit ein, lade mich zum Kaffee ein, lass mich einfach neben dir sein. Und ich bin da. Auch wenn du es dir nicht wirklich manches Mal vorstellen kannst. Probier es einfach aus.

Und jetzt sage ich euch ein ganz, ganz Herzliches Auf Wiedersehen.
Und ich wünsche euch alles Wunderbare und, ja es ist sehr schön, dass wir uns gehört, gesehen haben, kontaktiert haben. Friede, Friede, Friede mit euch.
Ganz viel vom Frieden gebe ich euch jetzt.
Und spüre mich, wie ich einfach da bin. **Friede.**
Wie ich mich hier einfach um dich schmiege.

Friede sei mit dir.

Friede Friede Friede.

Über Fragen zur Wahrheit

Themen:
Schutzengel, Halt, Grün, Zeit, Ruhe, Schlafstörungen,
Energielinien, Klarheit, Herzensliebe, Übergewicht,
Freude

Einstimmung:
Und du bleibst ganz in deiner Ruhe, ganz in deiner Mitte.

Möchte jemand eine Frage stellen von euch?

Frage:
Ja, ich möchte gern wissen, ob Raphael noch mein Schutzengel ist.

Antwort:
Ja das ist in Ordnung so. Das ist gut so, und ich bin bei dir. Ich stehe hinter dir, ich stehe immer hinter dir, groß und kräftig, ganz, ganz ansehnlich, würdet ihr sagen, wenn du das sehen würdest. Ich nehme ziemlich viel Platz ein hinter dir. Und so kannst du dich wundervoll zurücklehnen. Und auch in meine Arme hinein lehnen. Und ich gebe dir absolut den Halt, den du brauchst, den du möchtest, und genau so viel, wie es dir gut tut.

„**Halt**" - ist ein wichtiges Wort in deinem Leben.
Halt an - mach Pause, genieße.

Halt - nicht so schnell.
Halt - Stopp, bleib stehen.
Halt ein.
Schau nach links, schau nach rechts
und bleib in deiner Mitte.
Bleib in deiner Mitte, in deinem
„gehalten werden",
denn da ist deine Halterung.

Ich bin es Raphael, der dir den Rücken stützt, der dich
aber auch insgesamt stützt und hält und trägt.

Und für diesen Monat, meine Liebe; damit du mich
intensiver wahrnehmen kannst, solltest du das **Grün**
tragen. **Grün direkt auf der Haut. Grün, Grün, Grün
und nochmals Grün. Grün essen, grün tragen,
grün denken, grün handeln, grün sein.** Denn Grün
ist auch meine Farbe, die **Heilfarbe**, die heilige grüne
Farbe. **Ganz viel dich im Grün bewegen.** Das ist im
Moment nicht schwer. Es wird eben gegossen, du
merkst, dass grün immer mehr wird in nächster Zeit.
Grün, grün, grün, sei deine allerliebste Farbe.

Und ich bin auch derjenige, den du anrufen kannst,
bevor du in deine Arbeit gehst.
Ich bin auch derjenige, den du anrufst,
bevor du eine Sitzung gibst.
Ich bin auch derjenige, den du einholst,
bevor du einschläfst, ja,
bevor du aufwachst,
bevor du das Haus verlässt,
bevor du das Haus betrittst,
also sozusagen, immer.

Immer bin ich jetzt für diesen nächsten Monat für dich da, für dich zuständig, für dich ganz, ganz intensiv zuständig. Damit du diesen Kontakt auch ganz intensiv wahrnehmen kannst. Ich werde mich dir zeigen, auch intensiver, als du es bis jetzt gewohnt bist. **Deine Arbeit, deine Bereitschaft ist es, mir möglichst viel Zeit einzuräumen.** Ich freue mich auf dich, sehr, sehr, sehr, geliebtes Kind. Damit wir wieder intensiver verschmelzen können. Es wird dir gefallen. Ja, ich freue mich auf dich. So ist es.

*Nächste Frage zu **Schlafstörungen:***
Ich hab auch eine Frage. Wann hören denn die Schlafstörungen endlich auf?
Ich weiß, Zeit und Raum spielen da drüben keine Rolle, aber ich wollte schon gern wissen, wie es in meiner Dimension ist. Ob das jetzt in einem Monat oder länger, am Besten endlich aufhört. Oder wozu hab ich sie? Ich versteh das irgendwo nicht, ich hab begriffen, bei mir ist Verwirrung, Chaos da, aber ich weiß nicht, wie ich rauskomme. Und vor allem, wie geht das, dieses Siebte, das 7. Chakra zu öffnen? Ich weiß es nicht, kannst du mir helfen?

Antwort:
Gehe nach Hause und schlafe.
Gehe einfach und schlafe und erspare dir deinen Sarkasmus. Denn es liegt schon an dir, mein Liebes, mein ganz Liebes, dass du auch dafür Vorkehrungen triffst. Dass du **Ruhe in deinem Leben einräumst**, dass du

nicht so intensiv im Konsumieren bist. Muss nicht sein, tut dir nicht wirklich gut. Macht vielleicht mal Spaß, aber bringt dich nicht zur Ruhe. Bringt dich nicht in dein Herz und bringt dich deiner Seele gar nicht näher. Ich möchte gerne, dass du zum **Schwimmen** gehst. **Nicht auf Leistung, sondern einfach auf Spaß, auf Freude, auf Laune und Lust.** Dass du einmal die Woche mindestens - das heißt vier Mal, bis wir uns wieder sehen; kann auch öfter sein - zum Schwimmen gehst. Es wird dich etwas **abkühlen in deinen Emotionen**, es wird dich ruhiger machen und es wird dich **entspannen.** Denn Spannung ist viel zu viel in dir, viel, viel, zu viel Spannung. Auch der Platz, an dem du lebst, ist ein sehr hoch **angespannter Platz.** Auch unter der Erde selbst befindet sich sehr viel Spannung. **Es treffen sich hier sehr viele Energielinien**, die einfach schon mal für Hochspannung sorgen. Dafür solltest du einen großen kräftigen **Bergkristall** links hinten, wenn du dein Wohnzimmer betrittst, links hinten deponieren. Und gleich hinter dem Eingang links, da solltest du mehrere **Rosenquarze** deponieren, auch größere Stücke. Reinigen musst du sie auch. Reinigen musst du sie, so wie du dich auch selbst ins Wasser begibst, gibst du auch deine Steine unters Wasser. Einmal die Woche. Kann auch öfters sein. Ja. Und auf der rechten Seite, wenn du deinen Wohnraum betrittst, da ist der Platz für **schwarze Steine**, für **Obsidian**. Du wirst dir dadurch ein **neues Schwingungsfeld** aufbauen. Und aus diesem alten Schwingungsfeld kannst du langsam herausgehen. Ja Liebe.

Und **Milch** hat noch ne **besondere Bedeutung** in deinem Leben. Milch, Milch, Milch.

Teilnehmerin: Stutenmilch?

Gloria: Ich sehe ein Bild mit viel weißer Milch, ich weiß nicht, was es genau ist. **Ein ganzer See mit weißer Milch.** Ich weiß es nicht, da krieg ich keine Information dazu. Beschäftige dich einfach viel mit Milch.

Teilnehmer: die liegt bei mir im Kühlschrank im Keller, diese Stutenmilch, soll ich die aufbrauchen?

Ja. **Milch, Milch, Milch.**
Ja, Milch.
Hm, Milch, ist ein schönes Wort. Da nimmst du das „L" heraus, und das nimmst du für das „**Licht**". Und dann nimmst du das „**Mich**", das noch übrig bleibt, und das nimmst du ganz zu dir, ganz in dein Herz hinein. Und ganz viel in die Ruhe, und ganz viel in das Herz gehen. Und es wird sich vieles verändern. Bis zum nächsten Male.

Danke

Anmerkung: Nachdem die Anweisungen umgesetzt waren, sind auch die Störungen vollkommen verschwunden.

Frage: zur selbstständigen Berufstätigkeit als Immobilienhändlerin.

Ich möchte gerne wissen, ist der Zeitpunkt für mich richtig mit der Immobiliengeschichte selbst zu starten?

Antwort:
Selbst nicht, aber sonst, ja, ja, ja. **Mitarbeit**, ja. **Zusammenarbeit**, Mitarbeit, **freudvolle Mitarbeit**, das ist das, was dir gut tut. Nicht ganz alleine, nein. Bist nicht so gern alleine, nein. Kannst du später. Aber der Zeitpunkt ist in Ordnung, ja, ja, ja. Ist gut so.

Teilnehmerin:
Ist der Makler auch gut?

Antwort:
Ja, größtenteils. Da ist es ganz klar, dass du die Linien vorzugeben hast, und die Grenzen zu erkennen weißt. **Da ist es ganz wichtig, dass du in deiner Klarheit bist**. Das ist notwendig. Da ist es sehr wichtig, dass du in deinem Herzen bist, und in deiner Liebe bist. Und dann wirst du auch einen guten Abschluss machen. Ja. Und dann bist du eine interessante Mitarbeiterin. Und das ist im Moment das, was für dich wichtig ist. Ja im Moment ist es eine gute Zeit, die Frühlingszeit ist schön. **Es können sich gute neue Dinge entwickeln. Vertraue nicht, in diesem Bereich, vertraue nicht in dieser Arbeit**. Da gibt es sehr viele **schwarze Schafe**, wie ihr sie so nennt. Da musst du **Klarheit beweisen**.
Da ist Klarheit etwas ganz Wichtiges, Notwendiges. Da solltest du **auf deinen Bauch hören**. Dein Bauch, dein Magen, deine Verdauung, das ist ein sehr guter Wegweiser für dich. Wenn du spürst, oh, es kribbelt mich im Bauch, dann sei ganz wach, dann fah-

re alle Antennen aus. Aber wenn du merkst, mein **Rücken wird ganz warm**, wenn du merkst, es fühlt sich sehr geborgen an, und zwar im Rücken, diese **Wärme im Rücken**, das ist für dich ein „Ja". Das ist das absolute Ja. Und so möchten wir dich auch gerne unterstützen, und dir unsere **himmlische Mitarbeit** anbieten. Du musst nur ganz klar mit diesen Zeichen arbeiten. Das bedarf etwas Übung davor. Aber, wenn du einmal oder zweimal, oder dreimal, ja wirklich gut, dich selbst eingeschult hast, eingearbeitet hast darauf, so wie eingeschworen bist darauf, dann hast du hier eine wunderbare **Symbolkraft**, die dir viel Nutzen bringen wird. Ja.

Liebe Leben, Herzensliebe leben, **sei dein Motto**.
Herzensliebe leben, ja.

Gibt es noch eine Frage?

Frage zu Übergewicht:

Antwort:
Oh, das ist aber ein dicker **Panzer**. Das ist aber eine richtig dicke Fellschicht. Das ist ja wie ne **dicke Kuscheldecke** drüber. Ich sehe es, wie einen dicken Schafspelz. Wie ein kräftiges Schäfchen, das schon lange nicht geschoren wurde. Ein ganz dicker, dicker Schafspelz hüllt dich ein, umhüllt dich. Dieser dicke Schafspelz, der ist eine sehr gute **Schutzschicht**. Und es gibt so einiges, wovor du dich schützen möchtest, vielleicht auch schützen musst. **Schützen, Schutz**. Denke darüber nach, wann du dich schützen willst, wann ist der Moment, wo du in eine Schutzlosigkeit hineinfällst?

Wann musst du dich verschließen, wann musst du deinen Schafspelz ganz fest zuziehen? **Oh, ja, doch, du hast ja einen Pelz, trage diesen Pelz öfters**, und zwar auch dann, wenn du darüber nachdenkst. **Ziehe deinen dicken Pelz** an, wenn du darüber nachdenkst, denn dann hast du zusätzlich einen äußeren Schutzmantel an. Und dann langsam, aber es wird noch langsam sein, wirst du langsam in die Erkenntnis hineinrutschen, was ist denn da mal passiert, dass ich mich so schützen muss. Und langsam, langsam, langsam wirst du zur Erkenntnis kommen, **ja ICH bin jetzt einfach stark genug, groß genug, wach genug, um mich zu schützen.** Einfach aus mir selbst heraus. Es bedarf keines dicken, dicken, dicken Wuschelmantels mehr. Außer eben den, den du dir anziehst, ausziehst, anziehst, ausziehst, als ein äußeres rein materielles Mantelstück. Aber es bedarf keines Schutzmantels mehr unterhalb deiner Haut. Gehe ganz liebevoll und sachte mit dir um. Ganz, ganz liebevoll und sachte. Du bist ein wundervoll liebevolles Menschenkind, ganz sachte, ganz liebevoll. Und beim Essen solltest du sehr viel **gelbe Nahrung** essen. **Gelbe Früchte, gelbe Gewürze, gelbe Nahrung.** Ja. Das wird eine Umkehr in dir langsam anstoßen. Gelb, gelb, ocker, viele Gelb-Töne von hell bis ganz dunkel, das ist das Mittel deiner Wahl. Ja. Und trage auch **gelbe Socken, sonnig gelb.**

Ja, ich verabschiede mich jetzt,
ich freue mich über euer Dasein.
Über eure Arbeit an euch.

Über eure Arbeit mit uns.
Über euer „Licht sein",
über eure Liebe.

Und bleib jetzt noch ne Weile einfach in deiner Ruhe,
in deiner Stille und spüre nach.
Und ich verabschiede mich schon.

Auf Wiedersehen.
Wiedersehen.

Ich bin euer Franz,
Franziskus von Assisi.
Der euch nach Längerem jetzt wieder mal begegnet
ist.
Eine schöne Begegnung. Ja.

Und über jede von euch werde ich meine Hand halten.
Ich werde euch geleiten, und werde euch führen.
Und sei sehr, sehr, sehr oft in deiner **Freude**.
Ja. **Freude sei dein Lebensmotto.**
Freude sei das, was dich begleiten soll.

Ihr habt im Moment eine wunderschöne Natur,
ergötze dich daran.
Habe Freude an deiner Natur.
Habe Freude an allem Grün,
habe Freude an allem Bunt,
das die Natur hervorbringt.
Habe Freude an den Tieren.

Wenn du mich kennst, dann weißt du, dass ich mich besonders den Tieren gewidmet habe, zugeneigt habe.

Liebe sei mit euch.
Liebe, Liebe, und nochmals meine Liebe sende ich euch.

Kongress im Seminarhaus Kisslegg

Themen:
Öffnung des Herzens, Meisterkraft, Fließen wie ein Wasserfall, Veränderung, Begrüße die Veränderung, Fröhlichkeit, Tiere, Kontakt aufnehmen, Sauerstoff, Heilung, Heil-Energie weitergeben, Friede

Ja, meine geliebten Kinder, ich begrüße euch ganz, ganz herzlich.
Und es ist **wunderbar, dass ihr hier seid.**

Dass du, du, du und du hier bist.
Dass du einfach da bist,
dass du dir die Zeit genommen hast,
dass du dir den Raum genommen hast,
hier zu sein, da zu sein,
mir dein Herz zu schenken.
Mir diese Öffnung zu schenken,
deine Aufmerksamkeit zu schenken,
ja das ist es.

Ich begrüße dich, dich jeden Einzelnen von euch. Und ich möchte dich liebevoll in den Arm nehmen. Liebevoll begleiten, und ganz liebevoll, ja - einfach das hinüber bringen - was ich schon seit Längerem durch meine Tochter Gloria, einfach auf jede Weise - **jeder**

55

weiteren Tochter, jedem weiteren Sohne ins Leben bringen kann. **Das ist die Öffnung des Herzens.**

**Und sehe, egal was du machst,
es ist nicht wichtig, was du machst, nein.
Wichtig ist, dass du alles
aus dem Herzen heraus machst.
Wichtig ist dass du die Liebe
in dein Herz einkehren lässt.
Wichtig ist, dass du jede Zelle
in deinem Herzen mit Liebe erfüllst.
Mit Liebe erfüllen lässt.**

Und wir sind die Meister, die Meister der geistigen Welt, die Meister der geistigen Ebene. Und wir können euch wunderbare Unterstützung geben, egal was ihr braucht. **Wende dich an die Meisterkraft.** Wende dich ganz klar an uns. Und habe keine Bedenken, ist es richtig, ist es nicht richtig? Ist es in Ordnung, was muss ich tun, wie muss ich etwas tun? Nein, **lasse geschehen, lasse zu, lasse fließen. Fließen wie ein Wasserfall.**
Und das **Wasser**, das fließt auch heute draußen bei euch. Ihr wisst, dass wir schon lange Wasser bräuchten, ja, aber jetzt ist es da, bitte **begrüßt es auch ganz herzlich.**

Wasser, du wunderbares Ding, das die Erde nährt. Wasser, das auch für das Gefühl steht. Lasst dieses Gefühl, dieses Wasser einfach durch euch durchfließen. Lass ganz klar fließen, fließen, fließen.

Wir sind gerade im Moment in einer sehr intensiven Zeit, wo sehr vieles sich verändern darf. Wo sehr Vieles sich verändern wird. Im Großen und Ganzen, im Kollektiv. Aber auch bei jedem Einzelnen von dir selbst. Und **Veränderung**, das wissen wir, das macht euch Menschenkinder sehr gut Angst. Das macht so ein Beben bei euch. Und macht sehr viel Unsicherheit bei euch, papperlapapp, **weg mit Unsicherheit**, braucht ihr nicht haben. Braucht ihr überhaupt keine Angst zu haben. Nein. Gehe, **gehe bitte in deine Fröhlichkeit** rein.

Begrüße die Veränderung,
begrüße das Wasser des Himmels und
begrüße somit auch in dir selbst, das Fließen.
Sage ja dazu.
Sage einfach ganz klar – JA.
JA, JA, JA und nochmals JA.
Gib dir selbst dieses JA.

Sage es jetzt zu dir selbst. Einfach ja. Sag es leise ohne Worte. Sage es für dich ganz still, dass nur du es vernimmst. **Ja, ja ich will den Weg des Herzens gehen.**

Gib diesem JA so ein Flüstern. So eine leise Stimme für dich selbst und gib dir selbst dieses JA. Damit du es auch hören kannst.
Ist es dir möglich?

Und jetzt, ich weiß eine schwere Prüfung nachzuspre-
chen - sag einfach „JA", im ganz normalen Tonfall.
Sag „JA". Und noch mal ein „JA". Und jetzt (laut) „JA".
Hei (lauter) „JA".
Super. Ihr seid wundervoll, ihr seid einfach (Kuss)
klasse. Danke, danke dafür, für euer JA.
Eure Stimme ist es, über die wir in Kontakt treten kön-
nen.

Und wir, die wir jetzt mit euch sprechen,
**Franziskus, Franziskus von Assisi und Johannes,
Johannes der Täufer,** zwei Booten aus der geistigen
Welt, die wir schon viele, viele Menschen initiiert ha-
ben.

Franziskus, Franz, der es einfach mit den Tieren hat.

Ich liebe die Tiere über alles und ich habe mich heute
riesig gefreut, freue mich jetzt riesig, denn es sind in
diesem Haus, diesmal enorm viele Tiere. Das gab es
noch nie. Wunderbar. Denn **über die Tiere bekommst du** geliebtes Menschenkind einfach **einen
leichteren Zugang.** Den du von Mensch zu Menschenherz manches Mal noch nicht wagst. Manches
Mal ist es leichter die Energie über das Tier zu nehmen. **Blicke ganz oft in die Augen eines Tieres.** Es
ist die Ebene, die du manches Mal noch leichter
wagst. Die für dich manches Mal, noch leichter zu
nehmen ist, als die Ebene von Mensch zu Mensch.
Wir wissen, ihr habt schon des Öfteren Verletzungen
bekommen, von Mensch zu Mensch. Die Tiere, die
sind etwas, um nicht zu sagen, um vieles, vieles offe-
ner, liebevoller, aufnehmbarer, als es oft ein Mensch

ist. Vor allem bringst du ja die ganze Geschichte mit, denn du hast ja schon manches hier überlebt. Ich Franz von Assisi, habe viele, viele Tiere um mich geschart, ich bin der **Meister der Tierenergie**. Der Meister der Energie, die einfach unvermittelt fließt, die unvermittelt läuft, die sich ganz automatisch bewegt. Du kennst es, wenn du in den Zoo gehst, oder wenn du hinausgehst in die Natur und du begegnest einem Tier. Egal welches Tier es ist, sei es eine kleine Ameise, sei es ein Tier der Luft- ein Vogel, oder sei es ein Tier aus der Tierwelt mit den Haaren, mit dem Fell, ein Tier aus der Fellebene. **Gib jedem Tier von hier einfach dieses – „ja, hallo".** Gib ihm dieses „JA". Und dann meine Liebe, merke, vergiss nicht zu atmen. Atme, atme, atme, atme.

Atmen ist etwas sehr Wichtiges, was hier sich wirklich abspielen kann, durch die Atmung. Den Sauerstoff brauchen deine Zellen, den Sauerstoff in deinem Gehirn. Meine Liebe, **den Sauerstoff brauchst du, um mit uns Kontakt auf zu nehmen**.

Es ist leicht mit uns Kontakt aufzunehmen, und es ist doch wieder nicht ganz so leicht, mit uns Kontakt aufzunehmen. Denn ihr habt diesen Körper. Ihr habt diesen starken Körper, diese Materie. Diese Materie, auf die du dich ganz wunderbar einlassen musst, damit dein Körper dich wirklich trägt. Der dich schon lange trägt, und dich wunderbar einfach tragen kann. Ganz wunderbar mit dir gehen kann.

**Wir können diesen Körper
auch wunderbar selbst heilen.
Wir können wundervolle Heilungen machen,**

die geschehen können.
Aber du musst dazu in dein Herz,
in deine Herzmitte.
Dann können wir Heilung,
bei dir,
bei dir und bei dir vollbringen.

Denn wir haben nicht mehr alle diese Körper, wie wir waren. Und daher haben wir die Materie überwunden und können bei euch selbst diese Heilung bewirken. Und **es wird Heilung geschehen, es wird wunderbare Körperheilungen geben, das verspreche ich dir.**
Das ist mein Versprechen an euch. Ja, vertraut einfach. Ja.
Vertraut einfach, und bleib ganz in deinem Herzen, ganz tief im Herzen, meine Lieben. Tief, tief, tief im Herzen, denn da kannst du etwas bewirken. **Wir haben so eine große Sehnsucht danach, euch alle zu heilen.** Und danach aus euch auch wirklich selbst **Heiler, Heilerinnen zu machen.** Denn liebes, liebes Menschenkind, die du hier anwesend bist, du hast diesen Wert. **Du darfst, du sollst, bitte**, nachdem du selbst ganz heil bist, was aber keine Voraussetzung dafür ist, nein, aber **du darfst diese Heil-Energie weitergeben, absolut weitergeben.**

Heilung von dir selbst,
Heilung deines Nachbarn,
Heilung deines eigenen Hauses,
Heilung deiner eigenen kleinen Umwelt.

Heil der Welt, in dieser Welt.
Das ist unsere Botschaft, die wir bringen.
Heil sein und Friede, Friede in der Welt.
Ja.

Und ich, Johannes, hab schon viele, viele Menschen gekannt, hab schon vielen, vielen Menschen diesen Weg gegeben, dieses in die neue Welt hineinkommen. Nimm beide Hände auf deine Brust, und empfange jetzt einfach den Segen. Wenn du das möchtest.

Empfange den Segen der jetzt einfach,
ganz einfach über dich ausgegossen wird.

Und wenn es eine Stelle in deinem Körper gibt, dann lege jetzt die Hand dahin. Lege deine Hand auf die Stelle deines Körpers, die vielleicht nicht ganz so in Ordnung ist, die dir manchmal Schwierigkeiten bereitet. Lege deine Hand auf diesen Bereich und die andere Hand auf den Körperbereich, der vielleicht für dich nicht ganz im Lot ist. Und atme, atme, atme dabei. **Lass einfach die Energie, lasse einfach unsere Kraft in dich einfließen.**

Danke, es ist genug, wir brauchen nicht so lange.
Ja.
Nimm noch zur Unterstützung, einfach ein Lächeln zu dir.
Ja.

Anmerkung: Veranstaltung mit ca. 200 Zuhörern

Sei in deiner Kraft, sei in deiner Größe

Themen:
Kraft, Klarheit, Mitgefühl, Krafttier, Wahrhaftigkeit, Aufrichtung

Ja, guten Tag, **ich bin die Kraft**.

Die Kraft, die sich heute gerne mit euch
in Verbindung setzen möchte.
Die Kraft - ich bin überall da, überall.
Und du hast immer und überall Zugang zu mir.
Denn ich bin universell.
Ich bin die Kraft, die im Oberen ist,
ich bin die Kraft, die in der Mitte ist,
und ich bin die Kraft, die auch Unten ist.

Und mit mir kannst du dich immer, immer in Verbindung setzen. Auch wenn du dich manches Mal **Kraft-los, Mut-los** empfindest.
Wenn du manches Mal in deiner Schwäche bist, wie das so in letzter Zeit öfters der Fall war. Darum bin ich auch heute für euch, für dich jede Einzelne, gekommen. Um ganz klar die Verbindung zu jedem einzelnen Menschenwesen hier, zu jeder einzelnen Frau hier, herzustellen.

Es ist ganz wichtig,
dass du ganz in deiner Klarheit bist.
Es ist ganz wichtig,
dass du ganz in deiner besten Form bist.
Es ist ganz wichtig,
dass du das Beste von dir verlangst.
Es ist ganz wichtig,
dass du dich nicht
mit dem Mittelmaß zufriedengibst.
Es ist ganz wichtig,
dass du von dir nur das Höchste erwartest.
Es ist ganz wichtig,
dass du auch von dir nur das Beste denkst.
Es ist ganz wichtig,
dass du das Beste von dir annimmst.
Denn, du bist die Beste.

Sei in deiner Kraft, sei in deiner Energie.
Lebe, wozu du angetreten bist.
Begnüge dich nicht mit Unnützem.
Begnüge dich nicht mit Mäßigkeit.
Begnüge dich auch nicht mit Mittelmaß.

Nein, das bist du nicht, das steht dir nicht zu, das musst du nicht. Hier ist ein ganz klares „**Nein**" gefordert. Und genauso ist dein ganz klares „**Ja**" gefordert, **für Dinge, die dir gut tun. Zu Dingen, die in deinem Leben Platz haben, sollen, dürfen, müssen.**
Diese Bereiche meine Geliebte, zu denen sag „Ja", zu ihnen **dein ganz klares, tiefes „Ja".**

Jubiliere zu diesem „Ja". Denn nur mit dem „Ja", geht auch dein Lebensplan weiter.

Ein absolutes „JA" ist gefordert. Zu allem was dir gut tut, zu allem, was dein Leben bejaht. Zu allem, was dich fördert, zu allem, was dich weiter entwickelt. Zu allem, was dich größer werden lässt. „Ja" - zu allem, was dich lichter werden lässt.

Tritt ganz klar raus aus der Mittelmäßigkeit, mach den Schritt. **Es ist nur ein Schritt.** Nicht mehr, aber auch nicht weniger. Wenn du diesen Schritt machst, dafür bin ich da, dann stehe ich vollkommen hinter dir. **Ich bin ein Aspekt von der großen Göttlichkeit. Ein Aspekt vom Großen und Ganzen. Die Kraft – ich möchte euch jetzt meine Hand reichen.** Gebt ihr mir die Hand?
Ich möchte, dass du mich wahrnimmst, ich möchte, dass du mich spüren kannst.
<u>**Ich möchte, dass du kraftvoll bist,**</u>
<u>**ich möchte, dass du kraftvoll denkst,**</u>
<u>**ich möchte, dass du kraftvoll lebst.**</u>
Dann wirst du selbst diese wundervolle Kraft **ausstrahlen** können, weitergeben können, an die Menschen, mit denen auch du in Kontakt bist.
Das Wichtigste ist - wenn du in deiner Kraft bist - dass der Unterbau, der **Unterboden dafür, das Mitgefühl ist. Das <u>Mitgefühl, mit allen lebenden Wesen. Und verwechsle Macht nicht mit Kraft, das sind zwei unterschiedliche Dinge.</u>** Ich bin die Kraft.

Richte dich auf in deinem Leben.
Sei aufgerichtet.
Lebe aufrecht.
Lebe aufrichtig.
Sei klar.

Keine Spiele, dann wird dir die Kraft auch zufließen. Ich möchte euch gerne bedienen. Gerne möchte ich in deinem Leben einkehren. Gerne möchte ich meinen Platz bei dir einnehmen, sehr gerne sogar. Und vielleicht möchtest du wissen, welches hier im Außen dein ganz persönliches **Krafttier** ist. Welches Tier im Außen, deine Kraft symbolisiert.
Wenn du das möchtest, dann sage ich es dir, dein ganz persönliches **Kraftverbindungstier**. Es ist natürlich nur eine Analogie. Aber als Menschenwesen tun dir Bilder gut, **lebe mit Bildern, denn sie nähren die Seele. Ja.**

Wenn du es möchtest, dann sage mir deinen Namen.

Teilnehmer fragen nach ihrem Krafttier:

Antwort erster Teilnehmer:
Dein Tier, das ist die **Antilope**. Kraftvoll im Lauffen, kraftvoll im Springen, schön gezeichnet. Verbinde dich mit der Kraft der Antilope. Sie wird dir in nächster Zeit begegnen.

Dankeschön.

Nächster Teilnehmer:
Dein Krafttier das ist die **Katze**.
Geschmeidig, wunderbar anzufassen. Und weise, ja.
Be-schäftige auch du dich mit deinem Krafttier, mit deinem ganz persönlichen Krafttier. Dahinter steht noch die Kraft des **Luchses**. Die Wildkatze.

Danke

Nächster Teilnehmer:
Dir möchte ich die **Löwin** an die Seite stellen. Die Löwin, die soll dich begleiten, stark, strömend. Sie sei dir an die Seite gestellt. An deiner linken Seite ist sie neben dir. Und sie geht neben dir links, ja.

Danke

Nächster Teilnehmer:
Dir stelle ich das **Eichhörnchen** an deine Seite. Es ist vor dir, es steht vor dir und es geht den Weg vor dir. Es ist quicklebendig und hüpft von Situation zu Situation und es ist sehr beweglich. Auch dir wird das Eichhörnchen ganz bald in deinem Leben begegnen. Dann nimmst du mich mit.

Ja liebes Menschenkind, vielleicht musst du dich mit deinem ganz speziellen Krafttier noch vertraut machen, noch kennenlernen, in Kontakt treten mit ihm.

Aber es ist da, es ist ab jetzt wie wach gerufen, wie dir an die Seite gestellt. Gehe nicht davon aus, wie groß, oder wie klein es ist, es könnte auch eine Maus sein. Oder wie bedeutend es ist, sondern nimm genau die Qualität für dich wahr. Gehe nicht in den Vergleich, egal was du machst, **vergleiche dich niemals mit Anderen**, sei immer nur in deiner Kraft, in deiner Größe - aber da verlangst du bitte viel von dir. **Und umgebe dich bitte auch nur mit guten Dingen, mit förderlichen Dingen, damit du immer mehr in die Wahrhaftigkeit kommen kannst.**
Ja, so sei es.
Ich bedanke mich für deine ganz besondere Aufmerksamkeit, ab jetzt bin ich für dich wahrnehmbar. Immer und überall, wenn du das möchtest.
So sei es.

Gelobt, gelobt sei Jesus Christus in Ewigkeit und immer und dar.

Friede, Friede mit Euch.

Ohm Shanti

Friede und Kraft

Anmerkungen:

Eine Teilnehmerin hat während der Durchsage einen Holzgeruch wahrgenommen.

Außerdem konnte man ein starkes Kribbeln in den Händen wahrnehmen, ein Gefühl wie elektrisiert.

Später stellten wir fest, dass die Farbfolie-Karte der „Kraft" auf dem Regal oben stand.
Niemand hat diese Farbfolie-Karte bewusst dort hingestellt.
Alle anderen Folien lagen einen Regalboden tiefer.

Welch wundervolle Energie.

Wir möchten gerne.....

Themen:
Wolken, Stimmungen von Außen begutachten, Mitte,
Mittelpunkt, Empfindungen wahrnehmen, Stimmungs-
lagen, Schaukel, Sonne genießen, Licht, Lebenselixier,
Wasser, Spannungen abbauen, Ableitung, Sanftmut,
Leichtigkeit

Liebe, liebe Kinder.
Liebe Kinder des Lichtes.

Das Leben ist gerade im Moment nicht immer so ganz
einfach für dich, für euch.

Manches Mal schieben sich
ein paar dunkle Wolken vor das Licht.
Manches Mal schieben sich
auch ein paar **Regenwolken** vor das Licht
und manches Mal stürmen ein paar Winde
durch deine Heimat.
Ja manches Mal ist es bunt,
manches Mal ist es sehr bunt.
Und dann hast du wieder
ein paar Ausruhetage dazwischen.

Liebe, Liebe, Liebe, sei nicht bekümmert, sei nicht un-
geduldig, sei einfach zuversichtlich. Es ist alles, wie es

ist, und es darf so sein, wie alles ist. Und du kannst einfach dich zufrieden zurücklehnen, du kannst es anschauen, und zwar von außen anschauen. Es ist eine gute Metapher für dein Leben. **Auch wenn es in deinem eigenen Leben stürmt, regnet, windet, sonnig ist, im Winter auch schneit. Gehe nicht in diese Stimmung hinein. Sondern begutachte sie einfach von außen.** Schaue sie dir an, beobachte sie, aber **nimm sie nicht in dir auf.** Nimm sie nicht in dich hinein und lass dich vom Winde verwehen und zerzausen, lass dich vom Regen durchnässen, lass dich von der Sonne verbrennen, nein, brauchst du nicht. Sondern sei einfach wie eine Besucherin, jemand, der sich das Ganze anschaut. Der es auch sehr interessant empfindet, auch die Unterschiede sehr wohl erkennt, und bemerkt. Aber lass dich, wie gesagt, nicht hineinreißen. Und lass dich schon gar nicht von einem Hurrikan z. B. an die Wand spielen, und lass dich schon gar nicht vom Wasser ersäufen. Nein, nein, nein. Deine Gefühle, die sollen nicht für dich so emotionsgeladen sein, sie sollen dich nicht zu Tode ängstigen und sie sollen dich auf keinen Fall fast umbringen, oder gar umbringen. Das ist nicht gemeint. **Gemeint ist, dass du vieles erleben sollst, du vieles anschauen sollst und vor allem dabei sein sollst, drinnen sein sollst.** Also stehe nicht außen davor, sondern sei schon drinnen und gleichzeitig bist du auch draußen. Aber du bist nicht so vollkommen das Blatt im Winde, das sich total mitdrehen lässt, das sich total verwirbeln lässt. Das durch die Luft fliegt, und selbst nicht weiß, wann es wieder auf den Boden kommt. Das brauchst du nicht. **Erkenne, erkenne ganz klar, dass jede Stimmung einfach von kurzer Dauer ist**, und das kannst du jetzt im Außen sehr, sehr gut erkennen. Kaum gibt es zwei Tage im Moment mit einer gleichen oder ähnlichen Wetterlage. Somit kannst du auch für dich sehr klar erkennen, dass die Stimmungen wechselnd sind. Und dass die Stimmungen etwas im Außen sein sollen, und es auch sind. **Dass sie nichts mit dir selbst in deinem Innersten, in deiner innersten Mitte, zu tun haben.**

Wenn du verliebt bist, wenn du ganz in deiner Liebe bist, wenn du sozusagen, eine neue äußere Liebe in deinem Leben hast, dann findest du einen Regentag gar nicht schlimm. Vielleicht ist es ein interessanter Betttag, ein Regenbetttag, und du findest es zauberhaft. Vielleicht ist der Windtag dann ein Tag, an dem du Drachen steigen lassen kannst, und selbst herumläufst und voller Freude durch den Wind springst. Und vielleicht ist ein knallheißer Sonnentag, wenn du verliebt bist, etwas, wo du schwimmen gehst, wo du dich in die Sonne legst, neben deiner großen Liebe und einfach denkst, wow, ich habe den Himmel auf Erden.

Also du siehst meine Liebe, **Stimmungen kannst du immer so, oder auch so sehen.** Du kannst sagen, um Gottes Willen, so ein öder Regentag, du kannst sagen, bahh, mir ist es viel zu heiß draußen, ich kann überhaupt nicht raus, es knallt herunter wie verrückt. Und du kannst auch sagen, um Gottes Willen, der Wind verweht mir ja mein Haar und reißt mir die Tasche aus der Hand, nein, das möchte ich nicht.

Also, wie gesagt, es liegt ganz an dir selbst, es liegt ganz in dir selbst, es liegt ganz in deinem Empfinden selbst. Es liegt also ganz in deinen Händen. Ja, wir geben das ganz bewusst in deine Hände, und das war immer so, dass es in der Men-

schen Hände gegeben ist, zu empfinden, wahrzu-
nehmen, zu spüren, und mit diesen Empfindungen
auch umzugehen. Umgehen zu lernen.
Wir möchten, dass du in diesem Monat sehr klar dich
auf einen Platz setzt, vielleicht ist es dein Platz, dein
Beobachtungsplatz. Es darf schon ein besonderer
Platz sein, den du für dich auswählst und an dem du
diese äußeren Stimmungslagen einfach empfindest.
Und mit dem du die unterschiedlichsten Möglichkeiten
ausprobierst. „Wie gehe ich mit Stimmungen um?"
Vielleicht kannst du auch deine eigenen Stimmungs-
Schwankungen beobachten, dein Schwanken, dein
Schaukeln, dein Wackeln, dein hin- und her gerissen
sein. Ich empfehle dir eine **Schaukel**, eine Schaukel
um zu spüren, es geht immer wiederum, um die Bewegungen hin und her. Du kannst dich auf eine
Schaukel setzen, wo immer du eine findest, sie ist bei
dir manches Mal auf den Spielplätzen. Eine Schaukel,
wo du wippst, wo du genau diese Empfindung wahrnimmst, auf – ab, hin - her.
Wo du aber genau weißt, bei der Schaukel, da gibt es
einen Drehpunkt. Einen Drehpunkt, der genau in der
Mitte ist. Und dann gibt es Seile oder Drähte oder
Stangen, die diese Schaukel im Äußeren bewegen,
aber der **Mittelpunkt ist ganz ruhig und ganz still.**
Und **in diesem Mittelpunkt, da ist deine Heimat. In
diesem Mittelpunkt da ist Stille. In diesem Mittelpunkt, da ist Zuhause-Sein. Zuhause, in Ruhe und
Licht und Liebe.** Gehe so oft, wie es dir irgendwie
möglich ist auf die Schaukel. Kann auch ein Schaukel-
stuhl sein, es kann ein Gartenschaukelstuhl sein, es
kann eine Hängematte sein. Es kann eine Garten-
schaukel sein, kann sein, was immer es ist, aber es

soll schaukeln. Es soll sich bewegen. Damit du merkst, auch **in Stimmungslagen, wo du dich festgefahren hast.** Sei es in der depressiven, oder in der abgrenzenden, oder in der eiskalten, oder in der launischen, was immer deine Stimmung ist, in der du nicht unbedingt allzu lange verharren solltest. **Da merkst du sofort, oh ja, das muss nicht lange sein.** Wenn du im Moment noch keine dieser äußeren Schaukelmöglichkeiten rund um dich hast, dann setze dich einfach hin und mache selbst diese feinen Schaukelbewegungen. **Schaukle einfach** selbst. Wenn du möchtest, kannst du deine Knie hochnehmen, sie auch mit den Armen umfassen und so ganz leicht, deine leichten Schaukelbewegungen vollziehen. **Es wird dir sehr, sehr gut tun und es wird dir zeigen, dass der Standpunkt immer variabel ist.**

Genieße nach wie vor den Sonnenschein, solange er bei dir in diesem Maße zur Verfügung steht. Es ist wunderbar, es ist wunder- wundervoll das Licht, die Sonne, auf deiner Haut zu spüren. **Genieße täglich,** du weißt es schon, <u>**12 - 17 Minuten die Sonne**</u>. Das solltest du nicht versäumen, immer wenn Sonne da ist, ist das ein Zeichen für dich, 12-17 min in der Sonne zu verweilen. **Damit das Licht durch deinen Körper dringen kann. Dich erhellen kann und füllen kann.** Sollte der Himmel bedeckt sein, dann genieße einfach das etwas dunklere Licht, das etwas abgedunkeltere Licht. **12-17 Min sind ein tägliches Muss**. Bitte, bitte gönne dir diese Zeit, das ist nicht zu viel, sondern es ist ein **Lebenselixier** für ein Menschenkind. Damit dein ganzer Stoffwechsel gut funktionieren kann. Damit genau die Hormone, Nährstoffe, Transmitter, **damit alles wunderbar angeregt ist und sich im Wohl befinden kann. Dafür brauchst du das Licht.**

Genieße auch das <u>Wasser</u> und schwimme so oft, wie es dir nur möglich ist. Wasser ist **Reinigung.** Wasser ist ableiten von Spannungen. Über das Wasser kannst du wunderbar **Spannungen abbauen**, und das solltest du dir gönnen. Am besten funktioniert es, wenn Salz im Wasser ist, das kannst du bei dir zuhause in der Badewanne machen, oder du gehst in ein Schwimmbad, wo es ein Salzwasserbecken gibt. Oder du gehst natürlich auch ans große Wasser, ans große Salzwasser. Es spielt nicht so sehr die große Rolle, wo es ist, auch nicht so sehr die große Rolle, wie groß es ist. Nein, **die Ableitung, die ist wichtig. Und es sollte nicht zu kalt sein, sonst verschließen sich deine Poren und dein Körper macht zu. Und auch dein Gehirn verkrampft sich eher, als dass es loslässt und alte Muster, alte Spannungen, alte Geschichten hergeben möchte.**

Ja liebes Kind, hast du eine **<u>Frage</u>**, die ich dir beantworten kann?

Frage zur Trennung vom Partner:

Antwort:
Ja, **trennen** ist immer eine **Erinnerung an das Verlassen des Mutterleibes.** Wo sich das erste Mal der Körper des Menschen trennt von seiner sehr behüte-

ten Quelle, von diesem behüteten Platz, wo er sich das erste Mal aus der Gebärmutter herausschält.

Und weil dieser Vorgang, meist ein sehr anstrengender ist, durch den **Geburtskanal** sich durchzuwängen, und auch eine gewisse Zeit dauert, und mit sehr viel Druck verbunden ist. Um in diese Freiheit zu kommen, ist jede weltliche Trennung, egal wie alt wir sind, immer wiederum eine Erinnerung genau an dieses Erlebnis. Aber genau so hast du diesen Erfahrungswert in dir, wenn ich einmal diesen Geburtskanal verlassen habe, wenn ich mich einmal also getrennt habe von meiner Ernährerin, von meiner liebsten Mutter, die mich jetzt so lange dicht bei sich versorgt, ernährt und geliebt hat, sei es im körperlichen oder im emotionalen Bereich. Wenn du diesen Bereich einmal verlassen hast, dann bist du einmal so ganz alleine für dich, einmal wie so ein kleines nacktes Mäuschen, das jetzt neu geboren ist, und plötzlich noch gar nicht so ganz genau weiß, ups, was mache ich denn jetzt. Ups, wie geht's denn jetzt weiter, es ist eher das Gefühl, noch nicht zu wissen, wohin ich mich jetzt bewegen soll. Die Unsicherheit nimmt dann Platz. Vielleicht auch ein bisschen die freie Zeit, aber die kannst du füllen, mit sehr viel in die Natur gehen. Und ganz stark dieses Herz spüren, immer, immer wieder in dein Herz hineinspüren. Was ist da drinnen. Was möchte dieses Herz, was braucht dieses Herz, um leben zu können, um lebendig sein zu können? Dann wird es dir um vieles wieder besser gehen.

Augentrost solltest du für deine Augen verwenden. Besorge dir Augentrost. Das tut deinen Augen sehr gut. Es kann als Tee sein, sodass du deine Augen

immer wiederum damit wäschst, aber auch Elixier ist
o.k. Wie es dir eben leichter fällt. Ja.

Danke

Ja wir bedanken uns auch für deine Frage und gleichzeitig wünschen wir euch noch eine gute Zeit.

Wir möchten gerne wieder
mit euch den Kontakt weiterhin pflegen.
Wir möchten weiterhin den Kontakt
aufnehmen und
wir möchten gerne ein Mal im Monat,
wie gehabt, diesen Kontakt weiter fortsetzen.
Wir möchten euch gerne weiter
Lektionen erteilen,
wir möchten gerne bereit sein für euch.
Tiefe, tiefe Liebe sei mit euch.
Wir umarmen euch.
Wir möchten gerne unsere Weisheiten
mit euch teilen,
wir möchten gerne unsere Liebe
zu euch bringen.
Wir möchten gerne unsere Sanftmut
bei euch einpflanzen.
Wir möchten gerne unsere Kraft
zu euch senden.
Wir möchten gerne unsere Leichtigkeit
bei euch einführen.

Ja, das sind wir, die **Engelsgeschwister.**
Das sind wir, eure Geschwister,
die nicht mehr auf der Erde weilen,
aber die für euch eine Zuständigkeit haben.
Es ist eine große Ehre und eine große Freude für uns,
mit euch den Kontakt zu pflegen.
Ehre, Freude und Glanz schicken wir euch.
Ehre, Freude und Glanz für euch.
Geliebte Menschenkinder.
Ehre, Freude und Glanz für euch.

Dankeschön, für das Zusammensein,
und Auf Wiedersehen.

Liebe Liebe Liebe

Themen:
Zeit, Veränderung, Geburt, Berganstieg,
Kosmische Konstellationen, Bedingungen, L-Themen,
Lichterweg, Herzauslichtung,
Füllhorn der Liebe, Lichttransport

Ich komme heute, auch wenn es draußen noch so **wirbelt, stürmt, schneit, blitzt, donnert.** Es ist einfach der **Tumult draußen los**.

Es haben sich die Sterne so aufgestellt:
dass sie sich gegenseitig behindern,
stören in ihren harmonischen Aussagen.
Es haben sich die Menschen so aufgestellt:
dass sie sich nicht unterstützen,
in ihren Unterfangen,
in ihren Unternehmungen.
Es haben sich die Energien so verwirbelt:
dass sie nicht in Harmonie fließen können.
Es haben sich die Meinungen so verquert:
dass sie nicht gehört werden.
Dass die Argumente verschallen.
Dass die Argumente verschallen, wie Rauch.
Sodass der oder die andere einfach nicht
hören kann und will,
was denn der oder die andere so sagt und denkt.

Ja, das ist im Moment gerade die Zeit.

Die **Zeit**, die Zeit ist etwas, mit der du **mitgehen darfst**. Da ist es **nicht immer nur darfst**, es steht auch ein muss dahinter. Denn aus der Zeit aussteigen, das kannst du im Erdenleben noch nicht. Oder noch kaum nicht.

Es ist gerade eine Zeit, wo sich vieles verändert. Und Veränderung meine Liebe, das kennst du ja, **Veränderung** passiert ganz, ganz selten im harmonischen Bereich. Auch wenn danach Harmonisches herauskommt.

Eine Geburt ist einfach ein überwältigendes Ereignis. Es ist stark, es ist intensiv, es ist dramatisch, es beinhaltet eine ganz große Gefühlspalette. Es ist Euphorie, es ist Alles. Und wenn etwas Gutes dabei herauskommt, ja dann ist es wundervoll.

Dann vergisst du natürlich auch danach sofort alles, was schmerzhaft, schwierig und anstrengend war. Oder es hat nicht mehr diese **Gewichtung,** als ob du mitten drinnen im Schmerzberg wärest.

Es ist, wie einen **Berg aufsteigen**. Du merkst es nicht, der Anstieg ist oft schwierig, der Anstieg ist anstrengend, du keuchst, du bist sehr, sehr angestrengt. Und trotzdem möchtest du hinauf auf den Gipfel. Du hast es dir bei diesem Berganstieg ja selbst ausgewählt.

Das ist ein bisschen der Unterschied. Dass du hier vollkommen aus dem freien heraus agierst, aus der ganzen Selbstständigkeit heraus agierst. Bei dieser **kosmischen Konstellation** agierst du nicht ganz aus der Selbstständigkeit heraus. Da gibt es die **äußeren**

Bedingungen. Die einfach da sind. Und **angenommen werden wollen und sollen.** Äußere Bedingungen sind fast immer da. Und wenn du sie nicht akzeptierst, die äußeren Bedingungen, wenn du sie also ablehnst, wenn du sie verneinst, dann ist es auch ein verneinen des Lebens. **Denn Bedingungen sind so, wie sie sind. Bedingungen sind einfach, sie sind da. Der Weg des Lebens ist da.** Und du wirst es nicht glauben, aber der Weg des Lebens, es ist ein ausgetrampelter Pfad. Du hast dir diese Bedingungen schon einmal ganz klar vorgenommen, du hast sie schon einmal ganz klar gesehen. Und weißt du was, du hast genau zu diesen Bedingungen, wie sie jetzt sind, „ja" gesagt. Ein absolutes „Ja" gesagt, und weißt du was, **das war bereits vor deiner Geburt,** zu diesem „Ja" sagen, zu diesem eindeutigen „ja" sagen. Und jetzt mein Liebes, jetzt wirst du nicht kapitulieren auf diesem Weg, brauchst du nicht, nein.

Jetzt geh einfach weiter diesen Weg, du hast dein inneres tiefes Ja dazu gegeben, genau diese Dinge erfahren zu wollen. Diese Dinge erfahren zu müssen. Um etwas wiederum ins richtige Lot zu bringen. Etwas wieder ins Reine zu bringen. Etwas wieder in die Mitte zu bringen, etwas wieder auf den richtigen Weg zu geleiten.

Und wir, die **himmlischen Helfer, wir geleiten dich.** Habe also **keine Angst** auf deinem Weg. Habe also absolut **keine Bedenken** auf deinem Weg. **Wir halten ganz schützend unsere Hände, unsere Flügel und unsere Mäntel über euch. Das ist ganz gewiss. Das ist die absolute Wahrheit.** Daran brauchst du nicht zu zweifeln. Das ist einfach ein – **ist so.**

Auch wenn diese nächsten Zeiten sehr anstrengend, sehr schwierig, sehr zerrissen erscheinen, und es auch so sind, so ist der Hintergrund doch wiederum ein **Zusammenfügen der auseinandergezerrten zwei Pole**.

Des Vereinens wiederum in die **Einheit**. Zwei Pole, zwei Pole sind immer gegensätzlich. Zwei Pole, die es aber bedarf, um in die Einheit zu kommen. Um die Einheit überhaupt erkennen zu können.

Wie zwei **Menschen** - besonders Mann und Frau, sind schon zwei Pole. Zwei **Städte** - zwei Pole, die ja oft auch miteinander in Konkurrenz getreten sind. Zwei **Länder**, die oft miteinander in Konkurrenz getreten sind. Zwei **Nationen**, zwei **Kontinente**, einer reich, einer arm, die sich trotzdem gegenseitig bedingen. Nicht immer in Harmonie, nein, das ist damit nicht gesagt. Da sind oft große und starke Kontroversen.

Und trotzdem, geliebtes, geliebtes Menschenkind, **nimm es einfach an, nimm es so, wie es ist**.

Was du geben kannst, das ist deine Liebe. Das ist deine **Herzöffnung**, das ist deine ganz großartige Liebe. Und wenn du etwas tun möchtest, etwas Völker Verbindendes, etwas Verbindendes, wenn du das Gefühl hast, ich muss mehr tun, als ich jetzt eben gerade tue. Ich möchte intensiver mich einbringen, ich möchte ganz **aktiv an der Veränderung mitwirken**. Dann gib du als Mitglied dieser reichen Nation. Dann **unterstütze ein Menschenkind**, wenn du das möchtest. Dann spüre ganz tief in dich hinein und schau, ob du eine **Patenschaft** übernehmen möchtest, für ein Menschenkind in dieser anderen Welt, wo nicht so sehr Milch und Honig im materiellen Bereich fließt.

Denn du weißt ja, **alles was du gibst bekommst du** doppelt und dreifach, und manches Mal auch vielfach wiederum **zurück**. Vielleicht nicht gerade in deiner Währung, vielleicht nicht gerade in deiner materiellen Währung, ja.

Wenn du das Gefühl hast, du hältst es vielleicht im Moment in dieser Zeit des - etwas die **Hände gebunden** haben's, oder dieser Zeit - des sich **hilflos fühlen's,** nicht aus, - dann ist dies eine sehr gute Möglichkeit, um aktiv nach außen zu treten, ja.

Was du gibst, das ist nicht ganz so wichtig.

Das L – das soll dein Lieblingsbuchstabe werden. Das **L** für **Liebe, Leben, leicht, luftig, leben.** Das **L** soll dich begleiten. Das **L** soll dich beim **Luftholen** immer wiederum tief spüren lassen, dass du diese **L-Themen** immer in dir aufnimmst. Immer in deine **L- wie Lunge** aufnimmst.

Über die Lunge werden diese **L-Themen** in deinen ganzen Körper verteilt. In deinen ganzen Kreislauf gebracht und somit auch in deinen ganzen Körper bis in die einzelnen Finger- und Zehenspitzen verteilt - die gesamten **L-Themen.**

Gehe jetzt tief in dein Herz, und lass uns einfach spüren.

Spüre das Licht in deinem Herzen. Spüre den Funken in deinem Herzen, und lass ihn sich ausdehnen, lass ihn größer werden, den Funken in deinem Herzen.

Und lasse daraus ein Licht werden, gleich einer Ker-
zenflamme. Lass daraus das Licht werden, das dir
leuchten mag.
Und trage jetzt einfach dieses Licht vor dir her. Trage
dieses Licht vor dir her, damit es dich, wo immer du
auch bist, erleuchtet. Damit es deinen Weg erleuchtet,
damit es deine Bahnen erleuchtet, und womit du dich
in wunderbarerweise im Licht bewegen kannst. Spüre
ganz klar, wie das Licht vieles erhellt. Wie das Licht
vieles leichter macht, und **wie das Licht in deinem
Herzen dir viel Gutes zeigen kann.** Und dieses Gute,
das sollst du **ganz bewusst anschauen**, das sollst du
ganz **bewusst erkennen**, und das sollst du ganz bewusst und tief in dich herein ziehen. Ganz tief soll diese **liebevolle Licht-, Leicht-, Lustig-Energie, dich
immer mehr sättigen.** Das ist die Energie, **die L-
Energie, die dich sättigen soll.** Die dich satt machen
soll. **Nähre und sättige dich durch Liebe.**
Wir wissen, dass es im Moment in dieser sehr stürmischen Zeit nicht leicht ist, sich nur von Liebe zu nähren, aber in **jeder Zeit ist Liebe vorhanden.** Und gerade in sehr turbulenten, stürmischen Zeiten, da ist
auch die Liebe in einer sehr großen Form für dich verfügbar.
Also, liebe dich, L – liebe, leicht und lustig.
Das ist nicht an ein menschliches Wesen gebunden.
Vielleicht kann ein menschliches Wesen dir manches
Mal diese Bereiche näher bringen, oder du kannst es
durch die Brille eines anderen Menschen zu manchen
Zeiten besser erkennen - aber das ist nur eine Projek-
tion. Da findet nur eine Übertragung statt. In Wirklichkeit ist es deine eigene Empfindung. Und manches
Mal brauchst du, oder hättest dafür gerne, einen **Über-**

setzer. Einen Dolmetscher, einen Translator so zu sagen. Aber in Wirklichkeit bist du es selbst. Und du kannst es auch selbst, wobei du dir natürlich trotzdem einen sogenannten **Coach,** oder auch **Liebste,** oder **Lehrer,** oder **Meister,** oder wie immer du es nen-nen magst, auch leisten und gönnen darfst. Aber in Wirklichkeit bist **du** es **selbst,** das sollst du immer wissen.

Lange, lange Zeit, lange, lange Jahre, Unmengen an Zeitqualität befinden wir uns schon in eurer unmittelbaren Nähe, in eurer ganz unmittelbaren Umgebung. Das möchten wir euch noch unbedingt mitgeben, auf den Weg, auf den **Lichterweg.**
Mache diese Übung, des **ins Herz-Gehens** täglich. **Das Herz ausleuchten, des Herz-lichter-Werdens,** denn das ist der Bereich, in dem du uns wahrnehmen kannst, in dem du uns spüren kannst.
Du hast auch gemerkt, dass diese Herzauslichtung keiner großen Zeitanstrengung bedarf. **Mache diese Herzauslichtung mindestens morgens und abends,** wenn du möchtest im Bett, oder auch außerhalb. Aber mache sie **morgens** in der Früh und mache sie **a-bends** vor dem Einschlafen. Es wird deinen Tag, und es wird wunderbar deine Nacht **lichten, erhellen, er-leuchten,** und es wird sehr vieles von alten Dingen, von alten Wahrnehmungen verändert. Ja es wird alte verkrustete Wahrnehmungen, Einstellungen, Bewertungen, Beurteilungen einfach **in einem neuen Licht** erscheinen lassen. Und es wird **Leichtigkeit** einkehren lassen und mit der Zeit, wird es immer mehr in die **Liebesenergie** hineinführen. Und es wird dir sehr gut damit gehen. Ja.

Ja **wir bitten dich darum**, diese wenig zeitaufwendige kurze Übung, morgens und abends regelmäßig durchzuführen.

Nimm etwas, das dich daran **erinnert als Symbol**, sodass es nicht in deinem Alltag wieder verschwindet, oder untergeht, sodass der ganze Alltag deine Lichtwerdung zudeckt. Natürlich kannst du auch dazwischen, wenn du dich dann tagsüber erinnerst, auch noch mal kurz dein Laternchen anzünden. Aber das ist dir selbst überlassen. **Aber wir bitten dich darum, diese vor dem zu Bett gehen, und diese vor dem Aufstehen oder zum Aufstehen zu aktivieren.** Es ist so als würdest du einfach deine Taschenlampe anknipsen, es fühlt sich um vieles anders an, wenn du das **Licht anmachst, in dir selbst.** Und Geliebte, es tut jeder von euch sehr gut sich mit mehr Energie, und zwar **lichter Energie, zu versorgen.** Und darum sind wir ganz intensiv hier um diesen **Lichttransport zu unterstützen.**

Wir lieben euch ganz tief und ganz, ganz intensiv, und wir sind keine „Abrechner". So, dass wir schauen, was machst du, dann lieben wir dich, - was machst du nicht, dann lieben wir dich nicht. Nein, nein, keine Bange, keine Zweifel, das findet bei uns überhaupt nicht statt.

Das findet in der Dualität statt, in der Ebene der Zweipoligkeit, aber das findet niemals in der Ebene der Lichtwesen statt. **Da ist die Liebe einfach immer da, grenzenlos, bedingungslos. Liebe ist. Liebe ist da. Und Liebe strömt immer wie aus einem Füllhorn aus, das kein Ende hat.**

Und zu so einem Füllhorn der Liebe möchten wir euch auch machen. Die Voraussetzungen sind sehr gut, die Bedingungen sind sehr gut.
Es bedarf von dir, etwas klein bisschen Übungszeit, die sich im Minutenbereich befindet. Muss nicht mehr sein, aber bitte auch nicht weniger.

Und jetzt schicke ich euch noch mein ganz tiefes Licht und verabschiede mich ganz herzlichst von dir.

Liebe und Licht und ein tiefes Verbundensein mit einem Amen. Ohm, Ohm Shanti, Halleluja.

Die Liebe

Themen:
Liebe weitergeben, der Liebe einen Platz einräumen,
Sehnsucht, Liebe in Zeiten des Unrechts, Reinigung
und Entschlackung

Ja, ich bin es heute nochmals „die Liebe", die zu euch kommen möchte, die zu euch sprechen möchte. Ich bin noch mal für euch heute da, um euch meine Botschaft zu bringen.

Grüß Gott mein Liebes.
Grüß Gott du über alles geliebtes Menschenskind, Menschenkind, Menschlein.
Du über alles geliebter Mensch. Du über alles geliebte Frau. Du über alles geliebter Erdenbewohner. Du über alles Geliebte, die du einfach da bist.
Die du einfach meinen Worten lauschst. Und für die ich mich offenbaren darf.

Danke mein Liebes, dass du mir dein Ohr leihst,
danke mein Liebes, dass du mir dein Herz leihst,
danke mein Liebes, dass du mir deine Seele leihst,
dass ich deine Seele berühren darf.
Ich komme wie eine **Fee**,
die mit ihrem **Zauberstab** einfach
dich zum **Schwingen** bringen kann.
Dich mit ihrem **Klangstab** einfach
zum **Klingen** bringen kann.

Ich bin gekommen um dir die
Liebesbotschaft zu bringen.
Ich komme, um dir die Liebe näher zu bringen.
Ich komme, um dir zu zeigen, dass du geliebt bist,
ja, dass du geliebt wirst.

Und genauso, mein Liebes, darfst und kannst und
sollst du die **Liebe weitergeben, weiter versprühen**
und weitergeben **auch in Zeiten des Unrechts.** Denn
gerade dann ist die **Sehnsucht** danach **unermess-
lich.** Gerade dann ist es von **entscheidender Wichtigkeit mich in dein Leben rein zu lassen, mich zu
akzeptieren. Dich zu öffnen,** auch wenn es manches
Mal nur ein ganz kleines Fensterchen ist, eine ganz
kleine Öffnung nur. Kleiner als ein Mauseloch. Es ist
egal, auch wenn es nur der Funke ist. **Aber diesen
Funken, den solltest du immer haben, von dem
solltest du dich niemals distanzieren.** Dein **Begeh-
ren sollte darauf ausgerichtet sein immer der Liebe
einen Platz einzuräumen in deinem Leben.**

**Alles darf sein,
aber ich sollte und möchte bei dir
die erste Geige spielen.
Ich möchte bei dir in der ersten Reihe sitzen.
Ich möchte noch viel weiter bei dir sein,
ich möchte Platz nehmen auf deinem Schoße.
Wenn dir das nicht möglich ist,
dann, weißt du was,
dann machen wir es einfach anders rum,
dann nimm du Platz auf meinem Schoße.
Denn weißt du was,
mein Schoß ist immer offen.**

Du kannst kommen zu mir, in welcher Stimmung du auch immer bist. Es bedarf keiner Vorbereitung deinerseits, um auf meinem Schoße Platz zu nehmen. Mein Schoß ist immer da, weit und breit ist er für dich da. Ich **bin für dich da, immer**. Es bedarf nur einer kleinen **Anrufung, eines Kontakt-Aufnehmens**, damit du mich auch fühlen kannst, damit du mich auch wahrnehmen kannst, denn das ist dir nicht immer möglich. Aber da bin ich trotzdem.
Ich verlasse den Menschen nie, niemanden, keinen Menschen.
Da bin ich immer. Für deine eigene Wahrnehmung da, mein Liebes, da liegt DEINE Zuständigkeit.

Reinigung, reinigen, Reinigung ist sehr wichtig. Reinigung und Entschlackung des Körpers.
Besorge dir gute Tees dafür und trinke sie bitte **täglich**.
Zusätzlich ist es gut, wenn du dich mit der Information der **Hagebutte** umgibst. Egal in welcher Form, ob über das Auge oder den Geschmack, ist nicht wichtig.
Essen solltest du sehr viel Schnittlauch, Fenchel, manchmal Knoblauch, und ein bisschen Lauchzwiebel.
Damit du in die Stärke und Reinigung kommst, dich einlassen kannst. Umgib dich noch viel mit der Farbe **Rosa,** du kannst es auch **mit Grün kombinieren**.
Dass sich dein Herz mir intensiver zuneigen kann.

Täglich 15 Minuten für dich

Themen:
Erleuchtung, Frieden, Liebe, Botschaft für Erneuerung und Vollendung, Konzentration auf das Licht, Herbstmonat, Ziel, Fülle, die Acht, Vollständigkeit, Mondlicht, Unendlichkeit, Größe, Seele-Geist-Schwingung, Gesinnung,

Halli Hallo Halli Hallo

Ihr über alles geliebten Kinder, Halli, Hallo!

Hallo, Hallo, Hallo du

Ja heute ist es mal wieder etwas lustiger, denn ich merke, dass ihr eine Riesen-Schwere bei euch habt. Dass ihr, oh, so **schwer** seid, wie ein, brrr, **wie ein Sack** so schwer seid ihr. Das muss sich ändern, das muss sich ganz, ganz, ganz schnell ändern.

Bitte alle Schwere, Traurigkeit, Anstrengung, Sorge, Unmut, Unlust, brrr, alles, alles in den Sack. Ja, in den Sack.

Du stellst dir vor, dass vor dir ein Sack steht und du gibst da alles, alles hinein.
Alles was dich bedrückt, alles was dich verärgert, alles, was dir einfach Kummer bereitet. Und auch alles, von dem du gar nicht genau weißt, welches

Gefühl es bei dir anspricht. Alle Unsicherheiten, alle Vernachlässigungen, alle Verunreinigungen, alles in den Sack hinein.
Und nehme dieses Bild wirklich wörtlich. Nimm alles aus dir heraus, und gebe alles in diesen Sack hinein, denn das ist echter **Müll**, den du auch in dir mitträgst. Hinein, hinein, hinein in diesen Sack.

Denn um in die **Erleuchtung zu kommen**, in das **Licht** zu kommen, in den **Frieden** und die **Liebe** zu kommen, sind dieses kontraproduktive Eigenschaften die dich immer wiederum davon abhalten deine Schwingung zu erhöhen. Geschweige denn, sie dann auch halten zu können.

Also **geliebtes Wesen - und das bist du wirklich**, das solltest du absolut wissen - nimm alles raus aus dir und in den Sack hinein.
So, und ich denke jetzt ist es geschehen, jetzt werde ich den Sack zubinden, und einfach mal Beiseitestellen.

Damit ich überhaupt mit dir in **Kontakt treten** kann, damit ich überhaupt mit dir **arbeiten** kann.
Damit ich überhaupt dich **berühren** kann.
Damit ich überhaupt **vordringen** kann, damit ich überhaupt, dein **Herz auch fühlen** kann, damit ich überhaupt dein **Herz öffnen** kann, und damit ich überhaupt, ja, dir meine **Botschaft näher** bringen darf.
Denn ich habe viel Botschaft mitgebracht.
Viel Botschaft für Erneuerung, viel **Botschaft für Vollendung.**

> **Aber es ist eine Notwendigkeit,**
> **dass du dich wirklich auch besinnst,**
> **wohin du gerne möchtest,**
> **dass du dich absolut konzentrierst darauf,**
> **wohin du möchtest.**

Bitte, Bitte, Bitte
konzentriere dich nicht auf Schwächen,
niemals.
Bitte konzentriere dich nicht auf das Kranke,
niemals.
Bitte konzentriere dich
niemals auf alles Madige.

Sondern, konzentriere dich
auf das Licht,
konzentriere dich auf die Fülle und die Liebe.
Und konzentriere dich immer darauf,
immer auf die Vollständigkeit.
Immer, immer, sage ich dir.
Und bitte lass diese Vollständigkeit in dich rein.

Lass den Mangel raus. Er ist nicht das wohin du willst, vielleicht bist du manches Mal im Mangel, vielleicht bist du manches Mal öfters im Mangel, mag ja sein, aber konzentriere dich nicht auf ihn. Nimm es wahr, ja das ist mal wieder so, Guten Tag Mangel, o.k. da bist du wieder mal. Aber bleiben im Mangel, oh nein. **Konzentriere dich total auf dein Ziel, auf die Fülle, auf die Größe, auf die Unendlichkeit.**

Das Leben, es ist endlich. Es endet irgendwann, aber du als **Seele-Geist-Wesen**, du bist unendlich. Und auf diese **Unendlichkeit**, da bitte lege deinen Fokus darauf. Da bitte, alles, alles was du hast, darauf ist die Konzentration gerichtet. Dass dich immer wiederum, tja ich sage mal der Schweinehund einholt. Ist so, muss aber nicht so bleiben, mein Liebes.

Und das ist deine Arbeit.
Es ist ganz wichtig, dass du in nächster Zeit dich **mindestens täglich, mindestens eine Viertelstunde**, bitte mindestens, dich mit - **in die Höhe bringenden Themen** – beschäftigst. Eine Stunde ist wunderbar. Aber ich halte es absichtlich begrenzt und sage eine Viertelstunde. Ab einer Viertelstunde aufwärts, nach oben gibt es keine Grenze, mein Liebes, das weißt du. Aber nach unten, da möchte ich eine ganz klare Grenze aufstellen.
Eine Viertelstunde, bitte 15 Minuten einhalten, egal wie dein Tag ist, egal, was du zu tun hast, wie wichtig, scheinbar wichtig, auch deine äußeren Dinge sind, bitte eine Viertelstunde Konzentration auf das Wesentliche.

Und das Wesentliche ist die **Unendlichkeit**, das Wesentliche ist die **Lichtspirale**, das Wesentliche ist die Unendlichkeit, die **liegende Acht**. Und die liegende Acht möchte ich dir auch als **Symbol** mitgeben. Die liegende Acht in einer Farbe, in einer für dich **Leuchtkraftfarbe**, es ist so ein **türkis-violett**, du würdest es fast Neonfarbe bezeichnen, ein sehr starker Farbton, mit sehr starker Leuchtkraft, den diese Acht haben soll, diese liegende Acht, mein Liebes. Und wenn du möchtest, dann kannst du dich immer in eine Seite dieser Acht hineinbegeben, das heißt, du ziehst rund um dich diese Acht. **Du sitzt einfach in eine Achterschlinge**, und in der zweiten Schlaufe der Acht, da ist viel Platz und Raum. Da ist ganz, ganz viel Möglichkeit für dich darinnen, da kannst du deine **Botschaften hineinlegen**, da kannst du **Ziele hineinsetzen**, da kannst du ganz, ganz vieles mit erreichen. Die Acht wird dich in nächster Zeit begleiten, **du kannst sie** aber auch einfach **in der Luft sehen**, du kannst sie **auf den Boden malen**, du kannst, wenn du nicht weißt, was du tun sollst, einfach mit einem Stift viele, **viele Achten auf Papier malen.**

Damit du dich in die Unendlichkeit besser einschwingen kannst.

Damit du ein Gefühl, einen Geschmack bekommst, von dieser Unendlichkeit.

Auch dein Körper ist fast wie eine Acht. Oben der Kopf, dann der schmale Hals und darunter wiederum eine Schlinge, die deinen Körper betrifft.

Die Acht, die möchte ich dir als dieses Unendlichkeitssymbol ganz nahe legen, damit du dich ganz intensiv erleben darfst, in der Unendlichkeit.

Verbinde dich nicht mit Abschied und Tod und Vergänglichkeit, wie das ja auch manches Mal in deinen Herbstmonaten der Fall ist. Natürlich geht das Jahr langsam dem Ende zu und du merkst es außen, du kannst es auch wahrnehmen, das ist gar keine Frage. Aber bei dieser Endlichkeit, da geht es um die Materie, und das ist jetzt wiederum mal **deine Entscheidung.**

Verbinde ich mich mehr mit der Materie, oder verbinde ich mich mehr mit der Seele- und Geistschwingung?

Seele- und Geistschwingung das ist es, womit wir, die himmlischen Wesen, mit dir arbeiten können.

Natürlich zieht der Körper auch nach, das ist überhaupt keine Frage, aber der Körper, die Materie, auch die materielle Welt, auf der du lebst, das ist eine viel dichtere Ebene, als diese türkis-lila leuchtende Spirit-Farbe, die ich dir heute mitgegeben habe. Materie ist braun und grün und rot. Ja und zur Materie kann ich dir noch sagen, mein Liebes, **die ganze Welt kümmert sich um die Materie, setze du ein Gleichgewicht dagegen und kümmere du dich um den Spirit.**
Und habe keine Angst, dass du zu schwach bist, bist du nicht. Bist du absolut nicht. Es kommt hier nicht auf Viel und Masse an, es kommt hier ganz klar auf **Qualität** an. Ja und qualitätvoll möchte ich gerne mit dir zusammen sein. Und **du sollst wissen, dass der ganze Himmel jubiliert, wenn du dich einschwingst auf uns**. Das ist so. Du weißt es, und trotzdem müssen wir es immer wieder sagen, weil ein Menschenkind so leicht vergisst.

Oder eben eine Ebene, die es auch schon mal erreicht hat, nicht immer halten kann. Denn du kennst sehr klar **Ebenen, wo alles in Liebe ist, wo alles wunderbar ist**, und wo du dich **königlich** fühlst, wo du dich **großartig** fühlst, und **in dieser Ebene** meine Liebe, da **möchte ich dich ganz oft sehen.** Nicht eine die vom Ego bestimmt ist, nein, eine, **die vom Herzen her bestimmt ist**. Wo du ganz stark in deiner Liebe sein kannst, aber auch dich ganz stark gehalten und geliebt fühlen kannst. Ja, geliebt fühlen kannst. **Es ist einfach das <u>Zauberwort, die Liebe</u>. Und es ist das, was das Menschenherz öffnet. Es ist das, was so dringend und so nötig ist, in der Liebe zu sein.**

Und es ist jetzt wieder mal so weit, dass der **Apfelbaum**, mit dem du ja schon mal gearbeitet hast, mit der Apfelblüte, nun seine Frucht getragen hat. Gehe also bitte wiederum raus und **nimm diese Fülle** wahr, du kennst das schon, aber es ist für dich eines der wundervollsten Beispiele: **setze dich unter einen Obstbaum, wenn möglich ein Apfelbaum und genieße diese Fülle, schaue dir diese Fülle an.** Und dann möchte ich gerne, dass du **täglich einen Apfel** zu dir nimmst. <u>**Täglich einen guten heimischen Apfel bitte**</u>.

Und vielleicht kannst du die Liebe spüren, die wir euch senden, in die wir euch hüllen. Wir hoffen es so sehr.

Ja morgen ist bei dir der **Vollmond**, der Vollmond, der das „ich" und das „wir" verbindet. Der vom **Monolismus zum Dualismus** führt. Oder auch umgekehrt, du kannst dich ganz besonders mit diesem Thema beschäftigen, **Ich und Du, Ich und das Wir, ich und der Himmel, ich und Alle und umgekehrt**. Es wird dir eine sehr schöne Erfahrung bereiten. Und auch wenn vielleicht der Mond nicht sichtbar ist, bei dir, wenn sich Wolken davor schieben, da ist er trotzdem. Auch wenn du ihn nicht mit deinem Auge wahrnehmen kannst und vielleicht sich ein Schleier dazwischen geschoben hat. **Es ist immer alles da, auch wenn du es nicht wahrnehmen kannst, es ist immer, immer alles da.** Es ist Sonne da, es ist Mond da, manches Mal eben bedeckt. Und das ist schon einmal ein sehr gutes Beispiel für dich, wo du ja auch weißt, es ist immer alles da, nur, vielleicht ist von außen, oder vielleicht auch von mir selbst, eben dieser Schleier vorgezogen worden. Ja.

Und nun Liebes gibt es noch etwas, was du persönlich fragen möchtest?

Frage von Teilnehmer zum Umgang mit dem Mond.

Ja, ja, ja, **Verbindung ist sehr gut**, denn der Mond ist der direkte Zugang auch zu deinem Unbewussten, also sehr tief. Gerade zu Vollmondzeiten, wo ja das Volle, die Fülle total vorhanden ist, auch die Stärke und die Kraft unter euch viel intensiver ist. Vorsicht, allerdings auch die Emotionen sehr oft viel intensiver angesprochen werden. Daher ist es auch wichtig **bewusst**, wiederum wie ich es schon vorab sagte, **in die Vision zu gehen, des Guten und Schönen. Bewusstheit** ist hier auch mit angesagt. Der Zeitpunkt morgen ist auch einer, der für dich in deinem Tagesablauf, in deinem Tagesrhythmus, sehr leicht integrierbar ist. Und das Rausgehen, und das sich direkt **vom Mondlicht bescheinen lassen** ist natürlich ein sehr Schönes und Feines, was dir auch ganz bewusst mit deinen körperlichen Sinnen die **Wahrnehmung stärkt.** Das Mondlicht ist etwas, was dir auch den **Rücken stärkt.** Und das Mondlicht ist auch die **weibliche Kraft**, und das Sonnenlicht, sozusagen, die männliche

Kraft. Es sind auch hier wiederum zwei Pole, die hier verschmelzen, die sich hier begegnen in ihrer Stärke und in ihrer Kraft. **Denn wenn du das Mondlicht in seiner Größe und Fülle erlebst, dann zeigt sich auch die weibliche Kraft am Himmel ganz wundervoll.** Und das Rausgehen zu dieser Zeit ist natürlich fantastisch, wie du mit allen Sinnen deine Weiblichkeit in dir stärken kannst.

Wie gesagt, Vorsicht vor den Emotionen. Und die Stimmen, die auch dagegen sprechen, sich dem Mondlicht auszusetzen, die haben Angst vor dieser weiblichen Kraft. Vor dieser weiblichen Kraft, die von manchen Religionsformen auch in das Abseits gedrängt worden ist. Es geht aber nicht darum, Dinge ins Abseits zu drängen, schon gar nicht die weibliche Kraft, nein, sondern diese **weibliche Kraft in seiner Stärke und** in seiner **Mannigfaltigkeit** und in seiner **Lichtform** erleuchten zu lassen. Lasse dich da nicht beirren. Nicht etwas wegdrängen ist richtig, sondern es **zum Lichte zu erheben ist die richtige Form.** Aber natürlich kannst du auch, zum Beispiel bei einer Wetterlage, die dir nicht entspricht, denn schlechtes Wetter gibt es ja gar nicht, aber bei einer Wetterlage, die dir nicht zum Rausgehen entspricht, dann machst du dein Ritual einfach in deinem stillen Kämmerchen. An deinem Platze, an **deinem heiligen Platze.** Und ich hoffe, mittlerweile, dass du dir diesen heiligen Platz in deiner Behausung schon geschaffen hast. Sollte das noch nicht der Fall sein, dann ist jetzt aber Zeit, **ein kleiner Platz, der nur für dich ist,** und für deine **Besinnung.** Für deine **Sammlung**, für deine **Stille** und für deine **Verbindung** mit uns. Oder wie ihr es auch manches Mal nennt, für die **Meditation**. Bitte wie gesagt, immer wieder diese **15 tägliche Minuten** einhalten, auch an diesem Platz. Und dieser Platz, er wird sich einfach immer **höher entwickeln**, immer höher, immer **lichter werden**, und er wird dir gut tun. Du kannst auch an diesem Platz gute Dinge lesen, denn dieser Platz verändert sich insofern, was wir auch an diesem Platz tun. Daher ist unsere **Gesinnung so wichtig**. Und die Vollmondkraft, die hilft dir dabei sehr, sehr stark. Weil es einfach eine sehr starke kraftvolle Zeit ist. Licht entzünden, sprich eine **Kerze anzünden**, oder auch mehrere, ist immer sehr von Vorteil.

Ja, mein liebes, liebes, liebes Menschenkind, ich verabschiede mich jetzt von euch, ich bin **Franziskus** mit den Tieren, der dich heute geleitet hat, angeleitet hat.
Und viele, viele meiner Tiere sind mit dabei, Hund und Katz und Zebra und Giraffe, große und kleine Tiere. Auch hier bitte kein Unterschied, alle, alle meine Tiere sind um mich.

Ich wünsche euch nun alles Liebe und alles Gute und dass auch du mit deinem, mit deinem ganz persönlichen Tier, deinem Krafttier, auch gut und in Liebe zusammen bist. Du kannst es auch bei diesem Vollmond ganz aktiv einfach neben dir Platz nehmen lassen. Ganz einfach und ganz klar.
Ganz viel Liebe für dich und für dein Tierchen, ganz viel Liebe, Liebe, Liebe für euch alle
Dein dir sehr zugetaner Franziskus.

Die Rose - die Kraft der Frau

Themen:
Göttin, Mutter, Menschlichkeit, Einzigartigkeit, Wunder,
Schönheit, Kraftsymbol, Lichtqualität, Lebendigkeit,
Freude

Ja, spürst du Sie schon, die Göttin,
spürst du dich schon,
liebe Göttin, liebe Frau, liebe kraftvolle Frau?
Spürst du dich schon in dir selbst?
Spürst du schon, dass du das kräftigste,
mächtigste, liebevollste und wunderbarste Wesen
auf der Erde bist?
Du bist diejenige, die das Leben weiterschenkt,
du bist diejenige, die gebärt,
du bist diejenige,
die das Leben erhält auf der Erde,
es weitergibt, und durch dich liebe Frau,
liebe Göttin, liebe Mutter,
durch dich wird es auch warm auf der Erde.
Liebe Freundin,
du bist diejenige,
die die Erde bewahrt und beschützt.
Du bist diejenige, die Wärme auf die Erde bringt.
Du bist diejenige,
die die Menschlichkeit hier einbringt.
Das ist dein Part. Dafür bist du geboren,
liebe Frau.

Vergleiche dich nicht mit anderen, vergleiche dich nicht mit dem Mann. **Vergleiche dich nicht. Vergleiche dich einfach mit niemandem.** Sondern **sei in deiner Einzigartigkeit.** Sei in deiner **Größe**, und **genieße dich, habe Freude an dir.** **Habe Freude** an deinem **Körper**, habe Freude **an deiner weiblichen Gestalt**, habe Freude an **deiner Schönheit** und habe Freude an deinen **wunderbaren Eigenschaften**.

Die Frau in dir, die möchte **wachsen**. Die Frau in dir möchte sich noch **mehr entfalten**. Die Frau in dir möchte **zu ihrer Größe erblühen**. Und das ist keine Frage des Alters, keine Frage der Jugend, wie erblüht du bist. Ich spreche von der **Seelenreife**.

Und die **Rose** ist einfach unser wunderbarstes **Symbol** dafür.

Die kleine zarte Blüte, die ganz kleine Knospe, ganz unscheinbar noch, kaum die Farbe erkennbar, und sie wächst und wächst. Und die Knospe entfaltet sich und es wird eine schöne, vielleicht noch kleine **Rose**, sie wächst immer weiter und größer, bis sie sich zu ihrer **vollen Pracht und Lebendigkeit entfaltet** hat. Das Gleiche ist für die Seele gedacht.

Auch die darf sich zu ihrer **vollen Größe entfalten**, **auffalten**. In ihre Größe wachsen. In ihre **Lichtqualität hineinwachsen**.

Schau dir einmal eine voll entfaltete Rose an, welch **Strahlen** in ihr. Welch **Licht** in ihr und aus ihr heraus scheint.

Gehe an keiner Rose vorüber liebe Frau, ohne sie eines Blickes zu würdigen. Genieße sie, es gibt sie noch, wenn auch etwas rar im Moment, aber es gibt sie noch, auch in deinen Gärten gibt es sie noch. Und **verliebe dich in diese Rose als Symbol für deine Seele**. Gib diese ganze Liebe, die du hast, gib sie in die Rose hinein. Denn es ist schon so, dass der Mensch auf der Erde einfach ein materielles Wesen ist, und daher auch für seine Liebe einen leichteren Zugang bekommt, wenn du etwas Materielles vor Augen hast. Und dann fügen sich viele, viele Perlen, viele, viele Rosen aneinander, das wird ein **wunderbarer Kranz, und du wirst immer mehr und immer mehr erblühen.**

Hab keine Angst, wenn es manches Mal anders aussieht, und du das Gefühl hast, oh Schreck, mir gehen meine Gedanken durch wie ein Pferdewagen, wie eine Horde aufgescheuchter Pferde. Ich kann meine Gedanken nicht mehr im Zaume halten. Ganz unkontrolliert und wirr ist es in meinem Kopf, ganz unkontrolliert. Die Gedanken sausen mir durch den Kopf, voller Bewertung, voller Angst, voller Ohnmacht, voller Wut, voller Abneigung.

Ja Liebes, liebe, liebe Frau, dann nimm **als Kraftsymbol für dich die Rose**. Schaue sie an, nimm sie, nimm sie ganz in dich hinein und schaue sie dir so oft wie möglich an. Lass sie so oft wie möglich vor deinem Äußeren, du kannst sie natürlich auch vor deinem inneren Auge entstehen lassen, aber nimm sie ruhig als Symbol für dein Äußeres. Schau sie dir an, **verbinde dich mit ihr und habe die absolute Freude daran.**

Genieße sie, und **wisse**, dieses Symbol im Außen, das ist eines, das mein **Innerstes widerspiegelt**. Das mich, mich selbst stärkt, damit ich auch den guten Weg gehen kann, damit meine Gedanken in geordne-

ten Bahnen sich befinden. **Damit mein Leben auch Liebe ausstrahlt, damit ich andere Menschen befruchten kann, damit ich andere Menschen nähren kann, und das was ich selbst erfahren habe, einfach ausstrahlen kann.**
Und **lass dich nicht in diesem, in diesem Denkmuster halten:** ich bin zu klein, ich bin zu unscheinbar, ich bin nicht wichtig, keiner will mir zuhören, keiner glaubt an mich, keiner möchte etwas von mir wissen. Lass dich bitte nur ja nicht in diese Ebene hineinbringen. Denn wenn du diese Gedanken öfters denkst, dann ziehst du das natürlich auch im Außen an. Und du kannst nicht die Menschen im Außen ändern, mein Liebes. Nein, **lass alle Menschen so sein, wie sie sind. Der Mensch IST**.
Hier spreche ich von den anderen Menschen.
Aber wenn du Änderung gerne haben möchtest in deinem Leben, mehr Licht, mehr Freude, mehr Liebe, mehr wohltuende Gedanken, dann **fange bitte immer, immer bei dir an.**

Ja, damit wünsche ich euch heute schon einen ganz wunderbaren Tag, einen ganz wunderbaren Monat, eine ganz wunderbare Zeit, lass Wunder einkehren bei dir. Und ein Wunder ist das, was einfach nicht so leicht mit dem menschlichen Verstand erfasst werden kann. Aber das kennst du ja schon, das kann etwas ganz Kleines sein, aber natürlich auch in der Größe ist keine Begrenzung vorhanden.

Liebe wunderbare Frauen,
seid einfach ganz fest in eurem Glauben,
in eurer Kraft
und in eurer wunderbaren weiblichen Form.

Auf Wiedersehen.

Ich bin die Rose der Liebe, der Frau, der Göttin, der Mutter.

Danke für den Kontakt.

Veränderung ist gut

Themen:
Blaugrüner Strahl, Herzenstüren, Meister, Lächeln,
Reich sein, Ausrichtung, Gedanken-Danken, Tore,
Lebensfreude, Glückseligkeit, Weite, Klarheit, Hei-
lung, Stimmung, Wahrnehmen

Ja! Hallo! Hallo! Hallo, ihr Lieben.
Hallo meine über alles geliebte Wesen.

Nicht nur du freust dich auf mich,
sondern wir alle freuen uns,
wir freuen uns sehr, sehr,
dass wir den Kontakt haben können.
Dass wir die Kontaktlinie benutzen dürfen,
dass die Himmels- und die Erdetüren
sich wieder öffnen.
Ja, diese Türen offen zu haben,
ist einfach das größte Geschenk,
das ihr uns auch machen könnt.
Euch zu öffnen.
Die Türen ganz weit zu öffnen.
Und das sind alle möglichen Türen:
das sind die Herzenstüren,
das sind die Türen des Geistes,
das sind die Türen der Gefühle,
das sind einfach alle, alle eure Möglichkeiten,
alle eure Tore, weit aufzumachen,
zu uns.

Wir wissen, dass das nicht immer möglich ist, nein, kann es nicht, denn ihr habt ja auch euren ganz normal Alltag zu bewältigen. Und im ganz normalen Alltag, da könnt ihr auch offen sein, aber da könnt ihr nicht so ganz bewusst und permanent mit uns im Kontakt sein, wie zu diesen Zeiten, die ihr euch ganz speziell auserwählt. Das sind ganz **spezielle Zeiten** für euch, die ihr Euch **ganz persönlich widmet**, um den Kontakt zu allen **aufgestiegenen Wesen**, zu allen **aufgestiegenen Meistern** und **Meisterinnen**, zu allen himmlischen, spirituellen **Ebenen** offen zu halten. Damit seid ihr, im ganz normalen Alltag, bist du damit, meistens noch etwas überfordert. Denn du bist auch hier auf der Erde, um den Kontakt zu deinen Mitmenschen zu pflegen, um deiner Berufstätigkeit nachzugehen, um deinen Alltag zu leben. Und daher ist es für dich sehr gut, einfach **bestimmte Zeiten** in deinem Leben einzuräumen, wo du dich ganz besonders und ganz speziell für die Himmelstore öffnest.
Und das ist jetzt, Hurra! Hurra, Hurra, Hurra.
Ich bin sehr, sehr froh, und da möchte ich euch noch bitten, eure Stimmung noch etwas anzuheben. Denn das ist für uns sehr wichtig, denn es ist uns fast nicht möglich den Kontakt zu pflegen, wenn ihr euch selbst in einer großen Dunkelheit befindet.
Also, **bitte, bitte**, versucht euch ein **Lächeln** auf die Lippen zu zaubern und **versuche dein Herz zu öffnen**, und versuche auch, dass du deine ganz persönlichen Tore, wie ihr es auch nennt – „Chakren" ein Begriff, der euch allen bekannt ist - aber es sind die Tore, **die Türen zu den höheren Ebenen**, zu öffnen.

Und je ausgeprägter eure Öffnungen sind, umso besser wird auch der Kontakt bei euch gelingen. Und wir
können euch auch umso besser erreichen. Also bitte,
versuche auch jetzt, jetzt, genau in diesem Moment, in
einen **meditativen**, das heißt auch <u>offenen Zustand</u> zu
gehen. Und „**gehen**", dieses Wort möchte ich gleich
verwenden, um wirklich **weiter zu gehen**, Dinge zu
erreichen, damit wir euch auch wirklich unsere Botschaft reichen können.

**Bereichern,
reich sein,
reich,
tief im Innersten reich sein,
das ist das Ziel.
Tiefe, tiefe Liebe
und Herzenswärme zu erreichen,
das ist das Absolute,
was für dich im Moment richtig ist.**

**Es gibt niemals das Richtig,
oder das Wichtig,
oder das Notwendig,
oder diesen Zeitpunkt,
jetzt, oder dann oder später,
oder morgen, oder heute oder gestern.**
Das weißt du,
das weißt du ganz genau.

**Es ist immer alles in Allem,
und Jedes in Jedem,
und Eines in Einem,
und Viele in Vielem,**

**und Mehr im Mehr,
und generell ist alles Eins,
und trotzdem ist Eines, Alles.**

Das heißt für dich ganz im Speziellen, dass **jeder Gedanke** den du hegst, **Auswirkungen hat auf alles, auf das Große und auf das Ganze.** Und **genauso hat das Große und Ganze Auswirkungen auf dich.**

<u>**Also bitten wir euch ganz besonders, auf jeden einzelnen Gedanken zu achten.**</u>

Puhhh, wirst du jetzt sagen, das ist ja eine mächtige und kraftvolle Überforderung für ein Menschenkind. Ja, das wissen wir. Das wissen wir, denn wir kennen euch sehr gut. **Wir kennen euch sehr, sehr gut.**
Und **trotzdem möchten wir euch gerne immer wieder an den Anspruch erinnern.**
An die **Ausrichtung** erinnern, dass du jeden Gedanken, dir ganz genau anschaust.
Und wenn du merkst, dass dir die Gedanken entgleiten, dass sie dir vollkommen entgleiten, und du in eine **Gedankenwelle** hineingeschwemmt wirst, in der du eigentlich gar nicht sein möchtest,
- dann können das **Erinnerungen** sein,
- dann können das **Ängste** sein,
- dann können das **angstvolle Zukunfts-Visionen** sein
- dann können das **Dinge** sein, die dir auch **von anderen** einfach in dein Feld gebracht werden
- dann können das **kosmische Konstellationen** sein, die dich im Moment gerade berühren und treffen.

Und **alle diese Dinge** gelten natürlich auch für liebevolle, gute Gedanken. Genauso kannst du von
den kosmischen Konstellationen davon angestoßen sein, du kannst von anderen Menschen einen
Anstoß bekommen, du kannst von uns natürlich
einen wundervollen Anstoß bekommen, du kannst
von schönen Bildern, von der schönen Natur, du
kannst von allerhand, allerlei Möglichkeiten angestoßen werden in deinen Gedanken.

Und wenn du dir das Wort „Gedanken" anschaust,
ist darinnen auch das „Danken".
Das Danken,
für alles was da ist.
Danke, danke, danke,
dass ich lebe,
dass ich in diesem Leben sein kann.
Dass ich hier diesen Platz einnehmen kann.
Und darauf ist es ganz wunderbar,
deine Ge-Danken auszurichten.

Immer wenn du merkst, dass dir die **Ge-Danken ab-
saufen**, in die tiefsten Ebenen, dann **danke** auch dafür, für diesen Absturz. Aber **stehe sofort** auf.
Stehe sofort auf und **verändere** dich, verändere deine
Gedanken, und zwar **sofort**. Lasse dich nicht lange im
anstrengenden Sumpfe verharren, bleib möglichst kurze Zeit darinnen. So kurze Zeit, wie es dir eben möglich ist. Die Ganzheit, die ist sowieso bei dir da. Es gibt
bei dir sowieso die **Gedanken-Tiefs**, aber auch die
Gedanken-Hochs. Und du musst dich nicht eben darum bemühen noch stärker im Tief zu sein, weil diese
tiefe dunkle Seite auch bei dir oft noch sehr ausge-

prägt ist. Daher ist die **Hin-Richtung an die Lichtseite** die **Wichtigere**.

Es geht nicht um die alte Polarisierung von gut und schlecht, sondern es geht darum, dass du dich ganz bewusst mehr in diese **Lichthinwendung** begibst. Und es geht auch nicht um eine Bewertung, sondern, **es geht um Lebensfreude, um Lichtqualität**, es geht darum, dass du dich **intensiver uns zuwendest**.

Es geht darum, dass du **deine Tore**, das sind auch deine **Ohren**, das sind alle deine **Öffnungen**, deine **Augen**, den **Mund**, deine **Nase**, auch **alle anderen Öffnungen**, uns, für uns bereitstellst.

Es gibt diese wunderbaren **Töne**, die du manches Mal hören kannst, das sind die **Himmelstöne**. Es sind auch manches Mal die **Einblicke**, die du manches Mal haben kannst. **Einblicke in eine wundervolle Glückseligkeit**. Es sind auch die **Gefühle**, diese **Wundervollen**, die dich manches Mal ganz tief berühren. Wenn dein Empfinden eben auf eine höhere Ebene ausgelegt ist. Es ist auch dann, wenn du die Liebe ganz tief in dir empfinden kannst. Wenn du ganz tief in dir **hörst, siehst, spürst, fühlst, schmeckst**, wie immer es ist, wie immer es sein mag. **Dann bist du angekommen**.

Dann bist du im **Vor-Himmel** angekommen. Und wenn ich es so sagen darf, es folgt dahinter noch **vieles, vieles mehr an Reichtum**, und die Grenzen, die sind für ein Menschenkind überhaupt nicht erahnbar.

Es ist eine Möglichkeit an riesig großem Reichtum, an unermesslichem Reichtum und Größe und Weite möglich.

Diese Ebene ist einfach vorhanden und es liegt an deinem eigenen Ermessen, wie weit du in diese Räume vordringen magst. **In diese unendliche Größe und Weite und Stille und Lichte.** Und was ich dir noch sagen möchte, es wird dir wundervoll ergehen. Dein empfinden ist ein Wundervolles. Und habe keine Angst, aus solchen Ebenen wieder zurückzukehren auf diese weltliche Ebene. Das wird immer wiederum passieren, das ist des Menschen Los.

Des Menschen Los ist es, immer wiederum, wie über den Tellerrand hinweg zu schauen, und sich diese **wundervollen Kostproben, diese wundervollen Geschmacksnuancen** zu holen. Von diesem – boah, was ist denn da noch alles möglich, wau, puh. Und genauso, wieder etwas von dieser **Klarheit** mitzubringen in deinen ganz persönlichen Alltag.

Das ist immer wie Kostprobe. Wie ganz **spezielle Bonbons**, wie so **Leckerlis**, die du dir gönnst, die du dir abholst. Und dann einfach das, was dran ist zu leben, weiterzuleben.

Und weißt du, was das Beste daran ist, dass du genau diese Bonbons, dass du die auch ausstrahlst - dass **Nichts für Nichts ist**. Du machst es natürlich für dich selbst, und du machst gleichzeitig auch alles für die Anderen.

Alles, was du in dir erweckst, wachküsst, alles was du mal erlebt, gesehen, gefühlt, gespürt hast, das strahlst du aus. Und somit darfst du immer mehr ein Licht für die Welt werden, ein Licht für die Welt sein. Die, ja, die dich persönlich, ganz dringend braucht.

Ja, genau **du bist gemeint**, die hier den Weg hergefunden hat. Und denke bitte nicht, ich bin viel zu klein, ach, ich, wieso denn ich? Ich doch nicht.

Doch!!
Genau du,
du wunderbar geliebtes Menschenkind,
genau du,
du bist es,
du darfst strahlen,
genau auf deinem Platz,
wo du jetzt bist.
Denn der Strahl hat dich berührt.

Der Strahl, damit du überhaupt strahlen kannst, der Strahl hat in dir einen Platz gefunden und das **Echo, das wirst du in dir tragen.** Es ist heute der blaue und der grüne Strahl, den ich für euch mitgebracht habe.

Der blaue Strahl, damit du dich besser öffnen kannst, auch für den Kontakt, und blau möchte ich jetzt über euch ergießen. **Ein Himmelsblau.**
Und spüre es einfach, lasse es einfach in dich einfließen, diesen blauen Strahl des Himmels.
Lasse ihn in deinen ganzen Körper ausdehnen.
.
Und dann hab ich noch den **grünen Strahl** für dich mitgebracht.
Der **grüne Strahl der Heilung, der Gesundung.**
So, dass Vieles wieder heil werden darf. Und lass jetzt auch diesen grünen Strahl in dich einfließen. Lass das Grün in dir Platz nehmen. Und lass dich auch von diesem Grün durchlichten. Bis in die Fingerspitzen und bis in die Zehenspitzen öffne dich bitte.

Ja, Liebes, liebes Menschenwesen vielleicht kannst du es jetzt gut in deinem Körper, oder einfach gut in deinem Dasein wahrnehmen.

Es geht immer darum, um dieses „**Wahr – nehmen**".

Und **nehmen musst du es bitte, bitte selbst**.

Nehmen das ist dein Part. Denn **nach der Öffnung passiert das Nehmen**. Da liegt es noch immer in deiner eigenen Entscheidung, nehme ich an oder nicht.

Lasse ich Wahrheit in mich ein, oder bin ich anderswo.

Anders ist nie schlecht, nur eben anders.

Unser Part ist, dich zu tragen. So, dass du dich auch getragen fühlen darfst, und es auch so wahrnehmen kannst, dass du dich **getragen fühlen** kannst.

Dass eben diese „**Wahr-Nehmung" sich intensiviert**.

Und wir, die heute mit dir gearbeitet haben, oder besser gesagt, zu Besuch waren, und dir diesen grünen und blauen Strahl, wie einen Blumenstrauß, überreicht haben, wir sind **Michael und Raphael**. Heute im Duett bei euch.

Und wir möchten euch unsere Liebe ganz innig zu Füßen legen. Ganz innig und tief möchten wir unsere Liebe bei euch deponieren. Ein Depot anlegen, das ist möglich. Wie ein **Depot für die Liebe**. Wie ein **Depot für die Ausrichtung**.

Richtung, Richtung, Richtung, du merkst es.

Richte dich aus.

Und **gönne dir bitte jeden Tag etwas von dieser Ausrichtung**.

In diesem „riechen an diesem Blumenstrauß", von dem blaugrünen Strahl in dir. Er ist da, **das Depot ist angelegt**. Aber hineinschauen in dieses Depot, das ist

auch wie ein Tresor, das bitte, **bitte, musst du selbst erledigen.**
Das kann niemand von außen in dir erledigen. Wir können wundervoll da sein, wir können dich umhüllen, wir können dich umschmeicheln, wir können dich auch umstreicheln. Und sollen wir dir etwas sagen, das tun wir auch. Aber wie gesagt, nehmen, bitte tue es selbst. Und jetzt, über alles geliebtes Menschenkind, **bade noch eine Weile in deinem blaugrün. Genieße es, genieße Fülle.** Und sammle, bis wir uns wieder hören, sammle viele Dinge dieser Farbe um dich. **Hülle dich in diese Farbe.** Vielleicht auch nachts, wenn du magst. **Und immer, wenn du einen wichtigen Gang vor dir hast, dann hülle dich in Blaugrün, dann hülle dich in diesen Strahl.**
Wahrscheinlich kommst du besser in diese Kraft oder in diese Energie wieder hinein, wenn du davor auch die Botschaft liest. Wenn du damit das Gefühl sozusagen in dir wiederum leichter erwecken kannst. Daher **bei allen wichtigen Dingen**, die du zu erledigen hast, und ich weiß, dass so Einige von euch ein paar wichtige Dinge zu erledigen haben, dann **nimm diesen Strahl.**
Darum haben wir ihn auch jetzt mitgebracht. Die Öffnung für Blaugrün. **Veränderung ist gut. Änderung ist gut.** Anderes darf nachkommen. Es ist auch das, wonach du dich sowieso sehnst. Also **gestatte dem Anderen Platz zu nehmen, Raum einzunehmen bei dir.**

Es grüßt dich jetzt mit **ganz, ganz tiefer Liebe und mit einem Flügelschlag** - was ja auch eine Luftbewegung bedeutet - wir grüßen dich damit, ganz, ganz herzlich, und verabschieden uns, lassen aber blaugrün bei euch zurück.

Ihr geliebten Menschenkinder, seid euch gewiss, in Liebe und Auf Wiedersehen.

Anmerkung:
Gloria betrat den Raum.

Ja, hallo meine Lieben.
Ihr habt gar keine Ahnung, wie schön es ist rein zu kommen in den Raum, und welche unsägliche Ruhe herrscht. Also es ist wundervoll, es ist wie der Friede pur. **Eine Ausdehnung von Friede** und die Stunde ist ein wunderbares Geschenk an dich selbst, du kannst dir kein Schöneres machen. Der ganze Raum strahlt und leuchtet, wenn man reinkommt zur Türe. Ich hab beim Reinkommen mich so was wie umhüllt gefühlt, von empfangen, wirklich von Licht und Liebe, ganz zauberhaft. Ja, und so kann ich es mir auch für unsere Kontakte vorstellen, dass es so ähnlich, einfach sein wird, so sein kann.

Liebes- und Lichtfluss

Themen:
Licht und Helligkeit, Sichtweisen, Stimmungen, blauer Himmel, Lichtfülle, Geschichten, Lichtheim, Blick der Liebe, Liebes- und Lichtfluss, Kräfte des Himmels

Ja, Guten Morgen!

Es ist wirklich so, es ist Licht und Liebe. Es ist eine wunderbare Helligkeit, die du ganz persönlich erzeugen kannst. Die du ganz persönlich in dir einkehren lassen kannst. **Denn du bist Licht und Helligkeit.** Du bist es. Ich kann es immer wiederum mit einem Gleichnis dir nahe bringen, es ist **wie der blaue Himmel**, er ist einfach immer da. Es ist einfach so, und manches Mal ziehen eben die Wolken darüber.
Manches Mal sind deine Gedanken davor. Manches Mal sind deine Ängste davor, deine Bekümmernisse, deine Bewertungen, deine Begutachtungen, deine Furcht, deine alten Dinge, dein Karma, deine…, wie immer du es auch nennen magst. Es ist meist einfach **deine Sichtweise,** die du davor schiebst. Und die stellst du dir als **Wolke** vor. Manches Mal ist sie **weiß**, manches Mal ist sie **trüb**, manches Mal ist sie **neblig**, manches Mal ist sie etwas **durchsichtig** und manches Mal ist sie kohlrabenschwarz. Und manches Mal ist sie eine wilde **Gewitterwolke**, eine stürmische **Regenwolke**, eine blitzerfüllte elektrisch geladene in sich flirrende Stimmung.

Du kannst also sehr, sehr gut diese **Himmelsstimmung** auch auf **deine eigenen** ganz persönlichen **Stimmungen** umlegen. Denn sie sind damit identisch. Du kannst sie in diesem Außen ansehen. Dieses Außen, was sich so in der Luft, im Himmel, in deiner Umgebung auch abspielt. Und genau so ist es auch im Inneren. Du kennst sehr wohl diese schneegeschwängerten Stimmungen oder auch diese schwülen elektrogeladenen Stimmungen in dir. Tja, aber das sind alles mehr oder weniger **Momentaufnahmen,** ein Riesen-Bomben-Donner-Gewitter. Im Süden ist das ganz wunderbar zu sehen, im Regenwald ist die Zeit noch intensiver zusammen geschoben. Hier dauert es manches Mal ein bisschen länger, aber auch das ist Stimmungssache. Wenn sich sozusagen die Stimmung wieder ausgeregnet hat, wenn der Wind richtig durchgepustet ist, **es ist blauer Himmel. <u>Es ist immer blauer Himmel dahinter.</u>** Dahinter ist immer blauer Himmel, **es gibt nichts anderes. <u>Es gibt nur Licht, und das bist du Geliebtes.</u>** <u>Wunderschönes geliebtes Menschenkind. Hm, das bist einfach du.</u> Und **du bist so zauberhaft**, <u>schade, dass du so wenig Ahnung davon hast, von **deiner wundervollen Schönheit.**</u>
In manchen Situationen, da ahnst du es so sehr. In manchen Situationen bist du dir ganz gewiss darüber. Und in manchen Situationen, oh weh. Daher liebes, liebes Menschenkind **gönne dir diese Zeiten und diese Techniken, gönne sie dir bitte auch, erlaube sie dir.** Erlaube sie dir, dass sie dich mit deiner **Lichtfülle** in Verbindung bringen können, damit in Kontakt bringen können, denn sie ist da.
Es ist alles, alles Wundervolle da, es gibt nichts, nichts Neues zu erschaffen, nichts Neues zu tun.

Es ist wie im Theater, wo einfach Kulissen geschoben werden. Die unterschiedlichsten Kulissen, Vorhänge, Gardinen, alles wird hin und her und her und hin geschoben, aber es ist wirklich nur eine **Sichtweise. Dahinter bist du, das Licht.** Und sollen wir dir etwas sagen, wir können auch oft so schmunzeln, und einfach heiter sein über die **Geschichten**, die es hier so auf der Erde, in einer so vielfältigen Weise gibt - zu **erzählen, zu erleben, zu denken.** Und wenn eine irgendwie fertig ist, durch ist, dann konstruierst du dir schon wieder ne neue Geschichte. **Wisse einfach, es sind alles, alles Geschichten.** Schöne, manchmal **tolle** Geschichten, manchmal **süße**, manchmal **zartbittere Geschichten**, manchmal **süßsaure** Geschichten, **aber es sind Geschichten.** Dramen, Lustspiele, **manchmal karikierst du einfach Vieles.** Weißt du was, **lasse es einfach.** Lass es!

Wenn du in diesem **inneren Punkt** in dir bist, sei das in deinem **Herzen**, in deiner **Mitte**, oder auch noch tiefer gelegen in deinem **Hara.** Wo immer er sich befindet in deiner **Körpermitte, da ist dein Zuhause. Da ist dein Licht, deine Liebe. Deine Sehnsucht führt dich immer, immer dahin. Denn da ist dein absolutes Lichtzuhause, dein Lichtheim, deine Geborgenheit.**

Weißt du, und **beginne bei anderen Menschen einfach bewusst hinzuschauen.** Denn manches Mal, das wissen wir schon sehr wohl, ist es schwierig, bei sich selbst **das Licht zu erkennen.** Aber es gibt ja auch den Spruch „mit dem Balken im Auge zu schauen", ob du ihn jetzt bei dir, oder bei anderen siehst, es ist immer eine **Sichtweise.**

Aber vielleicht kannst du damit beginnen, bei anderen Menschen die du magst, die dir wohl gesonnen sind, zu denen du Zutrauen und Zuneigung hast, wo keine Barrieren zwischen euch sind. Beginne sie ganz **bewusst mit dem Auge der Liebe anzuschauen.** Beginne ganz bewusst **den Blick der Liebe. Gönne dir diesen Blick der Liebe.** Denn auch das ist eine uralte Weisheit, **du kannst bei anderen Menschen nur erkennen, was du schon selbst in dir trägst.** Daher kannst du genauso, wenn es dir sehr schwer fallen möge in dir das Licht zu erkennen, dann nimm jemanden bei dem du dieses Licht erkennen kannst. Bei dem du diese Liebe erkennen kannst, und du wirst zu **fließen beginnen.**

Es wird Licht und Liebe **in dir selbst** auch **zum Fließen kommen.** Das ist ja auch das Geheimnis, des sich Verliebens. Auch der Partnerschaftsliebe manches Mal, aber nicht unbedingt. Das ist wieder deine **eigene Entscheidung.** Aber genauso kannst du auch zum **Liebe- fließenden Zauberwesen** werden, in dem du in der Natur bist und die **Schönheit** daran erkennst und in dein Herz lässt.

Vielleicht kann auch ein Tier diese Auslösung bei dir bewirken. Vielleicht hat es auch schon die Rose, die letzten Wochen in dir etwas angestoßen. **Liebe fließen lassen.** Das **einfachste, kinderleichteste und Schwierigste**, wir wissen es ganz genau. Aber meine Liebe, wenn du dich nach dem Sinn des Erdenlebens vielleicht manches Mal fragst, dann möchte ich dir sagen, dass dieses **der Sinn** ist. Hier zu sein, im **Liebes- und Lichtfluss** zu sein. **Unter dem blauen Himmel zu sein, ohne Wenn und Aber.**

Wir sind heute so angetan von euch, so besonders angetan, von euch heute, weil hier diese **wunderbare Licht- und Liebe-Stimmung** herrscht, es ist einfach, es ist einfach wunderbar. Wir könnten Purzelbäume schlagen, vor Lust und Laune, um unsere Zuneigung und unsere Freude zu euch auszudrücken. Es ist wundervoll hier zu sein. Ihr seid uns heute ganz, ganz nahe. Könnt ihr das wahrnehmen, kannst du das spüren Liebstes? Wie innig nah und wundervoll es ist.
Wir werden versuchen heute sehr innig hier zu bleiben. Du kannst selbst an dir üben, wie lange du den Kontakt halten kannst, spüren kannst, wahrnehmen kannst. Ganz, ganz tiefes miteinander und ineinander Sein. Sein.

Ich liebe dich über alle Maßen, und ich bin **Johannes**, der heute mit seinem ganz offenen Herzen, dich einfach mitnimmt, in die **offene Herzensqualität**.

Hast du etwas Wichtiges, das dir unter den Nägeln brennt, das du mit mir besprechen möchtest? Dann ist es möglich, jetzt. Musst nicht, brauchst nicht, du kannst auch einfach fließen und schwingen, ist auch gut. Aber wisse, dass du beide Möglichkeiten hast. Ja. Das heißt, du darfst und musst nicht.

Wisse, dass wir dir immer mit Rat und Tat zur Seite stehen. Alle Kräfte des Himmels.
Gott in allen seinen Nuancen und Facetten ist dir nahe.
Der manchmal eben über diese unterschiedlichen Facetten dir leichter begegnen darf.

Liebe, Liebe, ganz große Liebe für dich.
Nimm sie an, behalte sie, gib sie weiter und strahl
sie wieder aus.
Und wisse, es ist sehr gut gesorgt für dich.

Bleibe einfach noch ne Weile in deiner ganz persönlichen Ruhe.

Willkommen, willkommen, willkommen geliebtes Menschenkind.

Was die Seele befreit

Themen:
Befreiung, Leichtigkeit, Hier und Jetzt, Sinn, Sonne und
Mond, Seelenbefreiung, Korrekturprogramm, Aura,
Aufstieg, Zauberenergie Licht, Dezember,
Übung mit der Kerze

Gesang:

> **Sei zu allem bereit, was die Seele befreit.**
> **Sei zu allem bereit, was die Seele befreit.**
> **Sei zu allem bereit, was die Seele befreit.**

Befreiung, Befreiung, ja frei zu werden, frei sein,
Freiheit, freilich, ganz freilich und selbstverständ-
lich die Freiheit leben.
Die Freiheit leben können und gar nicht mehr darüber
nachdenken zu müssen. Einfach in dieser *Freilichkeit*
sich befinden. *Freilicht einlassen in dich*, das **Licht**
einfließen lassen, ohne zu überlegen, ohne etwas tun
zu müssen. Sondern so offen zu sein, damit die **Frei-**
heit einfach **deine beste Partnerin** an deiner Seite ist.
Hast du Angst, dass es vielleicht schwer sein könnte?
Nein, musst du nicht, *Freiheit ist nicht schwer.* Freiheit, *die ist wundervoll, Freiheit ist großartig*. Freiheit ist uns sehr, sehr nahe.
Manches Mal ist dein Körper einfach sehr träge und er
übernimmt die Angst in deinem Leben. Und dann
spürst du es, dass es einfach sehr anstrengend ist,

dass es streng ist. Dass es dich auch sehr anstrengt. Und alles, was mit Angst und Strenge und Dichte zusammenhängt, das ist nicht wirklich leicht. Denn die **Leichtigkeit**, die ist woanders zuhause. Es ist auch sehr gut, wenn du deinen Körper leicht hältst, denn das ist mal ein Schritt. Natürlich ist es nicht wichtig, was in deinem Körper wirklich geschieht, sondern **wichtig ist** nur der **seelische Bereich**, der **geistige Bereich**. Dass du dich in diesem Bereich in diese Leichtigkeit und Freiheit einbinden kannst. Ja, dass du dich immer auch mit diesen Dingen auseinandersetzt, die einfach licht und leicht sind. Natürlich ist dein Alltag, das wissen wir ganz genau, manches Mal ganz schön anstrengend. Und wie gesagt, du merkst es schon, da ist die Strenge wiederum drinnen. Die Strenge, wo du denkst, du müsstest dich für irgendetwas verpflichten, du müsstest in der Disziplin sein, du müsstest auch deine ganzen Versprechen halten, die du mal vor 100 Jahren gegeben hast. Liebes, das ist nicht unbedingt Thema.

Thema ist das hier und jetzt, nicht das, was mal war. Thema ist auch nicht, das was mal übermorgen ist. Nein, sondern **jetzt, jetzt, jetzt**, genau jetzt. <u>**Gib bitte immer jetzt, jetzt, jetzt dein Allerbestes.**</u> Lebe so, als wäre diese Sekunde, genau diese jetzige Sekunde eine Momentaufnahme des Ganzen und als wäre auch diese Sekunde, vielleicht deine Letzte. Wer weiß denn schon, ja, brauchst nicht zu wissen, gar nichts brauchst du zu wissen, nein Liebes. **Sondern wirklich nur hier im Moment und jetzt vollwertig** zu **leben**. Alle Werte sollen jetzt bei dir in eine gute Richtung streben, sich voll entfalten, sich voll leben können. So, dass du sie in dein Leben voll integrieren kannst.

Versprechen, Gelübde, sich Jemandem versprechen, und das vor vielen, vielen Jahren. Hm, hat das wirklich heute noch belang? Fühle einmal in dein Herz hinein, ob da nicht ganz **alte Verkrustungen** damit verbunden sind, wo du einfach den Schritt nicht weiter gegangen bist.

**Lebe dein Leben so,
dass es dir gut geht.
Lebe dein Leben so,
dass du Leichtigkeit und Freiheit
empfinden kannst.
Ja, bitte, lebe dein Leben so,
dass es wie ein Jubilieren erscheint.**

Nicht unbedingt nur erscheint, nein, es darf auch eines sein. **Jubiliere und singe einfach ein Halleluja.** Oder singe auch ein **Hosanna in der Höhe.** Mache alles (Gesang:) *was die Seele befreit, heute und hier, lebe was die Seele befreit heute und hier und allezeit.*

Mache das, zu deinem neuen **Sinn. Seelenbefreiung.** Spüre ganz klar in dich hinein, wie stark die Sehnsucht danach ist. Seelenbefreiung, deine Seele darf sich befreien. Keine Angst, keine Angst meine Liebe, es wird nicht so schlimm, dass du es vielleicht nicht aushalten könntest, oh nein, nein, nein, nein. Absolut nein. Ein absolutes Nein in diese Richtung. Sondern es soll **Wohlergehen** damit einhergehen.

Beschäftige dich auch mit meinen Zeichen, **beschäftige dich mit den Himmelszeichen,** beschäftige dich **mit den Lichtern am Himmel, denn sie waren immer und sind, und werden auch immer die Botschafter des Himmels sein. Und sie markieren mit ihrem Lichte in deine Seele ihren Code. Und dieser Code, das ist etwas Wundervolles, das ist der Plan deines Lebens.**

Beschäftige dich mit den Lichtern, beschäftige dich mit den Zeichen des Himmels, du kannst sie ganz oft erkennen. Du kannst einfach nachts hinausgehen, du kannst tagsüber hinausgehen und **Sonne** und **Mond** und all die vielen **Lichter** und **Sterne** dir anschauen, sie in dich aufnehmen. Dich **stärken lassen** von Ihnen, dich **begleiten lassen,** dich **bewegen lassen** von ihnen. Und wiederum keine Angst, es gibt nichts, gar nichts, was gegen dich gerichtet wäre, im göttlichen Sinne. Es gibt nur die Abkehr oder den Richtungswechsel der Menschen.

Und wenn du dich einmal verlaufen hast, manches Mal sogar verirrt hast in deinem Leben, dann gibt es einfach ein **Korrekturprogramm.** Ja ein ganz einfaches Korrekturprogramm, damit genau du wieder auf den richtigen Weg kommen kannst. Und diese Dinge loslassen kannst, die dich einfach davon abhalten.

Gesang: *Was die Seele befreit, im Hier und im Heut.*

Jetzt spüre dich einfach, spüre dich.

Und wir schicken jetzt, hm, zu einer Teilnehmerin, die in Thailand ist, einen Lichtstrahl, eine Botschaft. Eine Botschaft, die beinhaltet. „Sei gesund." „Konzentriere dich darauf. Sei gesund. Sei gesund. Und wir werden sie dort hin tragen, deine Botschaft. Wir werden sie in das Herz auch dieses geliebten Menschenkind einpflanzen. Sei gesund."

Ja, und nun, mein lieber Schatz, hast auch du die Möglichkeit mich etwas zu fragen, oder vielleicht auch einen Gesundheitsstrahl zu bekommen, was immer du möchtest. Kannst du jetzt bei mir abholen.

Frage:
Teilnehmer fragt nach einer persönlichen Botschaft.

Gesang: Hallo, sei zu allem bereit, was die Seele befreit.

Hm, du **darfst** fliegen lernen, meine Liebe. Du darfst die Schwere hinter dir lassen. Du darfst, du darfst, du darfst! Das ist dein neues Wort, das du bitte in dein Leben integrierst. Und du vergisst ab jetzt: „ich muss, ich muss, ich muss." **Ich darf – ist die neue Formel**, die dich weiter bringen wird. Die dich in eine neue Dimension begleiten wird. Ich darf mir ein gutes Stück des Kuchens holen, und das kann auch ganz schön groß sein. Ich darf. Ich darf mir **Liebe** holen, ich darf mir **Bestätigung** holen, ich darf mir **Erfolg** holen. Lass dieses ganz, ganz tief in dein Herz und in deinen Bauch hinein. Nimm es auf – ich darf mir Gutes holen, ja.
Und wie schon gesagt, es wird nicht so heiß gegessen, wie gekocht. Du fällst schon wieder auf die Beine.
Ja. Liebe, Liebe mit dir.
Danke

Ja, meine Lieben, wenn das schon alles ist, dann wünschen wir euch einen wunderbaren **Sonnentag** heute. Versuche ganz oft, ganz, ganz oft, gerade in dieser Jahreszeit, das Sonnenlicht an deinen Körper zu lassen.

Versuche dich ganz oft im Sonnenlichte zu sonnen und zu bewegen. Im **Sonnenlicht** zu sein, oder auch im **Mondlicht**, oder auch im **Sternenlicht**, es spielt keine Rolle was. **Licht ist das Zauberwort, <u>Licht ist die Zauberenergie.</u> Licht ist dasjenige, das dich einfach erhellt, auffüllt und auch erhält.**

Erhellen und Erhalten, das sind die Bereiche, die dich in nächster Zeit begleiten werden. Erhält und erhellt, hm, zwei schöne Begriffe. Brauchst dich nur der **Richtung des Erhaltens zuwenden**, dann bist du auch gehalten. Jedes Menschenkind möchte, dass es möglichst lange gehalten ist, hier auf dem Erdeplaneten. Und das ist auch gut so, denn dafür bist du hier angetreten. Es dreht sich nicht immer alles nur um diese Existenz, nein, es gibt viele, viele, viele weitere Möglichkeiten der Inkarnation. Daher braucht auch niemand wirklich sich bangen, wenn es eine große Veränderung gibt. Es gibt kein Nichts und kein Aus, nein, es wird immer weiter bestehen, die Formen ändern sich eben sehr. Aber sonst ist es gut, sonst ist alles gut.

Und für heute gibt es mal einen ganz dicken Kuss. Kuss, Kuss, Kuss für dich.

Und ich bin **Adrian, ein Verbindungsengel**, ein Wesen, ein Engel, der Himmel und Erde einfach gut verbinden kann, verdrahten kann. Auch manches Mal **Verdrahtungsengel** genannt. Und der dir manches Mal, so Stepp by Stepp, einfach ein paar Schritte zeigen kann. Und ich kann dir auch aus eigener Erfahrung sagen, denn auch ich habe mal als menschliches Wesen die Erde bevölkert, ja ich kann dir aus Erfahrung sagen, dass es einen sehr schönen **Aufstieg** gibt. Wir Aufgestiegenen wissen das sehr klar und sehen euch entgegen und bereiten sozusagen, auch so etwas wie die Himmelsleiter immer wieder vor. Die wir auch benutzen, um sozusagen mit euch den Kontakt zu pflegen und zu hegen, und der ist uns sehr, sehr liebevoll und hold.

Und jetzt noch mal Umarmung an dich geliebtes Menschenkind, du bist im Schutze. Im Schutze des Planetenrings, im Schutze der Verdrahtungsengel, und du darfst deinen Weg in die Meisterschaft ruhig Schritt für Schritt gehen.

Jetzt wünschen wir dir Liebe und Leichtigkeit und wie gesagt, verbinde dich sehr viel mit dem Licht, denn im Moment sind ja sehr viele Lichter bei dir im Außen angezündet. Ganz viele Lichterbäume erstrahlen auch auf den Straßen, in den Häusern, wo immer es ist. Schaue sie dir an, nimm das Licht hinein, verbinde dich mit ihm, erfühle es, erspüre es, und lass es dich ein Stück, selbst zum Licht werden, begleiten.

Verwende alles, und das darfst du, möchte ich nochmals sagen. Verwende bitte alles, alles, alles was so um dich herum da ist, verwende alles für deine eigene ganz persönliche Erhellung. Zünde auch bei dir sehr oft die Kerze an, das Licht an.

Du kannst auch, wenn du gerne etwas üben möchtest, den **Blick in die Kerze** richten. Solange wie du möchtest, eine Minute, fünf Minuten, zehn Minuten, spielt keine so große Rolle, solange du möchtest. Es wird eine **Schulung** passieren, deines inneren Auges, deiner **inneren Wahrnehmung.** Du wirst mit der Zeit die **Aura** erkennen am Licht, du wirst die Ausstrahlung des Lichts erkennen. Je mehr du diese Übung verrichtest, um so mehr wirst du sie auch bei den Menschen erkennen, oder bei den Tieren, oder bei den Pflanzen. Aber es ist eine wunderbare **Übungsmöglichkeit, über die Kerze zu beginnen.**

Ja, und jetzt, du merkst, ich kann mich ja heute kaum trennen. Weil ich so froh bin, über diesen Kontakt und noch so vieles mitgebracht habe.

Gesang:
Sei zu Allem bereit, was die Seele befreit.
Sei zu Allem bereit, was die Seele befreit.
Sei zu Allem bereit, was die Seele befreit.

Vielleicht kann auch das dein **Mantra** werden.

Gesang:
Ich bin zu Allem bereit, was die Seele befreit.
Ich bin zu Allem bereit, was meine Seele befreit.

Vielleicht kann es ein Mantra werden, das dich begleitet und vielleicht erspürst du auch schon die Kraft, die davon ausgeht.

Und jetzt sage ich wirklich Auf Wiedersehen.

Genieße. Genieße die Lichtzeit. Bis dann.

Dein Adrian.

Ruhe, Stille, Liebe, Friede

Themen:
Gabe des inneren Friedens, Wahrheit, seelischer Gewinn, Erneuerung, Ruhe, Stille, Liebe, Friede, Seelenkraft, Gotteskraft, 6. Dezember Nikolaus

Geliebte engelsgleiche Wesen, die ihr hier im kleinen Grüppchen versammelt seid, gerne komme ich zu euch, sehr, sehr gerne.
Es ist mir eine Ehre, eine sehr große Ehre, hier sein zu dürfen.
Die Einladung annehmen zu dürfen. Ja. Ich bedanke mich.

Es ist auch für mich sehr schön, mit euch **in der Ruhe zu schwingen.** Dich wahrzunehmen und zu spüren, auch das ist für mich sehr zauberhaft. Und daraus kannst du selbst ersehen, dass es nicht immer um Lautstärke geht.

Manches Mal sind es auch die ganz leisen Töne.
Manches Mal ist es auch die Stille.
Manches Mal ist es auch die Ruhe,
die dich zur Verzückung bringen kann.

Und ich habe auch meine Gabe mitgebracht, und es soll die **Gabe der Ruhe** sein. Die **Gabe des inneren Friedens.** In einer Zeit, wo es manches Mal sehr umtriebig zugeht. Da möchte ich in dein Herz hinein den

inneren Frieden legen. Und du wirst sehen, dass du der **Wahrheit** dadurch absolut einen **Schritt näher** kommst. Ich weiß schon, dass es eine Zeit ist, wo du einfach auch viele Einkäufe tätigen möchtest. Aber auch das kannst du **mit der Ruhe und der Stille im Herzen** erledigen. Denn dann ist auch die Arbeit im Außen für dich selbst ein **großer Gewinn**. Und **gewinnbringend** das soll schon ein Wort sein, das in deinem Leben mitschwingt. Gewinnbringend, nicht im herkömmlichen Sinn, wie es auch oft verwendet wird. Das kannst du haben, musst du nicht haben, aber wenn du es möchtest, ist es ganz in Ordnung. Darüber brauche ich kein Wort zu verlieren.

Aber über den Gewinn, deinen **seelischen Gewinn**, darüber, da möchte ich schon ein Wort verlieren, vielleicht auch zwei und drei.

Der Gewinn liegt immer, immer bei dir, immer. Richte dein Leben so ein Liebes, dass du aus Allem einen Gewinn ziehen kannst. Dass du die Gewinnerin bist, die absolute GewinnerIn und SiegerIn. Denn Siegen, das Siegen in Liebe, und mit der Liebe und dem Licht im Herzen, das sollte das Deine sein. Das sollte bei dir Freude erwecken.

Im Moment stehst du, aber auch die Welt, vor einer **großen Erneuerung**. Es werden große Dinge sich bewegen. Das ist in Ordnung so, das ist gut so. Eben um wieder **Ruhe einkehren zu lassen**.

Ruhe, Stille, Liebe, Friede, das sind die wichtigsten Worte in deinem Leben. Sich hinwenden, sich hin-

wenden in deine eigene Unendlichkeit, zu deiner eigenen Seelenkraft und somit in die Gotteskraft.

Ich bin **Nikolaus**, der in früheren Zeiten sehr verehrt wurde, wegen seiner Großzügigkeit, wegen seiner Gabenverteilung. Man nannte mich auch den heiligen Nikolaus. Auch die Kirche hat Freude an mir und hat mich sozusagen „Heilig gesprochen". Was mir auch eine besondere Ehre war, in diesem Erdenleben.
Und darum war es jetzt auch für mich besonders leicht diesen Tag zu nutzen, um den Kontakt herzustellen. Um meine **Gabe der inneren Ruhe**, ja, einfach abzugeben.

Ich bin normal nicht derjenige, der Fragen beantwortet, aber wenn du eine Frage hast, dann bemühe ich mich auch auf dieser Ebene. Ja, sag mir einfach, ob du etwas brauchst.

Wenn du in deinem Herzen den Frieden pflegst, wunderbar. Behalte ihn, behalte ihn, ja behalte ihn.

Jetzt wünsche ich euch eine wunderbare Zeit.
Und dass du meine Gabe gut pflegen kannst.
Das wünsche ich dir sehr.

Steh auf und sei mit dabei

Themen:
Geschenk, Kraft, frei werden, Spritzkerzle, Zellfrequenz-
Erhöhung, Bewusstseinserhellung, Winterschlaf, Feuer
ist Geist, Heilwerdung, Pflege deinen Tempel, Weih-
nacht, Lichtwerdung, 24. Dezember

Liebes, liebes Menschenkind,
es ist mir eine Ehre,
es ist uns eine Ehre,
eine große Ehre,
tja eine riesengroße Ehre,
zu kontakten,
zu kontakten mit dir,
mit dir ganz persönlich,
meine Liebe.
Meine sehr, sehr Liebe.

Immer wieder kommen wir **intakt** zu euch, in Kontakt. Tja, der Takt hat dieses Mal einen **Halbtakt** dazube-kommen. Einen halben Takt zusätzlich. Das ist wie ein halber Tag zusätzlich geschenkt. Tja und **Geschenk**, Geschenke, das ist etwas, was nicht nur ihr liebt, son-dern das lieben wir auch. Das lieben wir auch über alles. Das freut uns auch ganz besonders. Einen zu-sätzlichen **Geschenke-Kontakt-Tag** mit euch verbrin-gen zu können.
Und dieser Geschenke-Tag, der findet ja auch bei euch statt in nächster Zeit. In sehr baldiger Zeit, es ist

der Tag des Schenkens. Zur Erinnerung an den Tag, an dem auch euch der Himmel das größte Geschenk gemacht hat.

Nämlich sich selbst geboren hat, in der Form von dem kleinen **inkarnierten Jesuskind. Jesus-Christus hat sich der Welt geschenkt. Eine große Kraft ist geboren worden. Eine riesengroße Kraft, ein großer Lichtfunke hat sich der Welt geschenkt. Und dieses Geschenk das feiert ihr als Erinnerung. Daher ist es gut, um diese Erinnerung immer wiederum wach halten zu können, sie nicht aus den Augen zu verlieren. Daher ist dieser Tag schon richtig für dich. Nimm ihn als den Geschenkstag.**

Nimm ihn aber auch **für dich ganz persönlich** als **Geschenke-Tag und schenke dir etwas selbst.** Beschenke dich selbst. Beschenke dich mit etwas, was dir selbst ganz besondere Freude bereitet. **Mache dir ein inneres Geschenk.**

Das ist toll von außen etwas geschenkt zu bekommen, aber die wirkliche Freude in deinem Herzen, die ist, wenn du selbst ein Licht für dich anzündest. **Wenn du selbst in dir ein Licht anzündest.** Und mit jedem inneren Geschenk zündest du auch ein Licht an in dir. Zündest du einen Funken Licht in dir an, und **in jedem Funken Licht, ist auch ein Funken Weisheit.**

**Ein Funken,
Licht,
leuchten,
Erleuchtung,
Befreiung.**

Frei werden von Anhaftungen.
Frei werden von Bewertungen.
Frei werden von: Dinge machen müssen.
Frei werden von Ängsten.
Frei werden von Bange.

Mit jedem Lichtfunken kannst du dies erreichen.

Verwende auch als Symbol ein **Spritzkerzle**. Und **je-der Funke** von diesem leuchtenden Spritzkerzchen **soll dir zeigen**, oh ja, **genauso sieht es auch in meinem Körperinneren aus**, genauso.
Einmal angezunden, einmal das Licht entfacht, und es breitet sich in meinem ganzen Körper weiterhin aus. Jede Zelle fängt an zu sprühen. **Jedes Sternchen**, von diesen Sternkerzen, von diesen Leucht-Sprüh-Kerzen darf für dich **ein Symbol** sein. Ja. Ja, so ist es auch in mir.
An Weihnachten sollst du unbedingt eine dieser sich selbst versprühenden Kerzen anzünden, und ganz im Gedenken sein mit mir, mit uns, mit dem Himmel, mit den Botschaften, die du auch immer wiederum angenommen hast.
Ja. Wie gesagt, es ist **ein sehr energievoller Tag mit viel, viel Kraft und vielen Möglichkeiten.**
Und schau genau du dir diese Kraft, dieser Spritzkerze an. Du kannst eine Kleine wählen, du kannst aber auch eine sehr Große wählen, in dem du sehr lange diesem Funkenfluge zusiehst. Kannst natürlich auch mehrere verwenden. Um immer wiederum in dir selbst diese **Zell-Frequenz-Erhöhung** sichtbar machen zu können für dich. Denn wir wissen, dass du als Men-

schenkind einfach immer **sichtbare Bilder** brauchst, oder sie dir sehr gut tun - **damit du glaubst.**

Wir wissen, dass dir das Glauben sehr schwer fällt. Du sollst auch nicht „blind glauben" in das Nichts hinein, nein. Denn dazu bekommst du eben diese Bilder, mit denen du dann arbeiten kannst. Oder Symbole, die du für dich anwendest. Ja.
Und von Weihnachten an bis zum Dreikönigs-Erscheinungstag bitte jeden Tag ein Spritzkerzchen anzünden. Hole dir einen kleinen Vorrat von diesen wunderbaren symbolträchtigen Dingen. **Jeden Tag eines für deine Bewusstseinserhellung.**
Denn wenn es draußen sehr dunkel ist, darf es in dir innen hell werden. Heller, heller, heller, immer heller und lichter. Und wir schauen mit viel Freude dabei zu, wie deine Zellstruktur sich langsam, langsam aber stetig, sich erfreuen darf an dieser Leuchtekraft. Und die Kraft, sie wird schon wieder einkehren bei dir. Keine Angst und keine Bange.
Du darfst jetzt auch ein bisschen, so was wie, hm, **Rückzug, Winterschlaf, Bärenruhe** machen. So ein bisschen was liegt ja im Moment auch in der Luft, durch deine Witterung bedingt. Denn durch kalte Zeiten ziehen sich einfach die Muskeln und dein Körper etwas zusammen. Und insgesamt würde es im biologischen Bereiche jetzt sehr auf Rückzug gestaltet sein. Ja, wir wissen schon, dass das nicht immer geht bei dir meine Liebe. Und dass diese Zeit, die du jetzt lebst, sozusagen oft kompensiert wird durch sehr viel Bewegung im Außen. Durch sehr viel, auch **gemachte Hektik. Durch dieses kaufen, kaufen, kaufen, holen**

müssen, bewirten müssen, einkaufen müssen,
bringen müssen, schenken müssen, ja.
Versuche das „müssen" rauszunehmen. Denn
dann fällt sehr viel Druck von dir ab. Versuche das
„darf" mit rein zu nehmen. Versuche das „gestalten" mit rein zu nehmen.

Und versuche
die Freude und die Liebe mit rein zu bringen.
Versuche in jedem einzelnen Geschenk,
nicht die Größe,
die finanzielle Größe unterzubringen,
nein, musst du nicht.
Sondern versuche je einen Lichtfunken
mit zu transportieren.
Einen Lichtfunken von dieser Spritzkerze.
Einen pro Geschenk.
Einen pro Kontakt.
Einen pro Begegnung.
Und transportiere auch ein Lächeln mit hinein.
Denn ein Lächeln drückt auch deine Liebe aus.

Und Liebes, überfordere dich nicht, überfordere dich
nicht im Außen. Aber **fordere im Inneren für dich.**
Für dich selbst, da darfst du fordern.

Bleib dabei, täglich eine Botschaft zu lesen.
Bleib dabei, dir die Kraft und die Energie
aus diesem Kontakt zu holen.

Und danach, oder auch dazwischen, wie es dir gut
reinpasst, nimmst du diesen **Kerzenstab.** Diesen
Lichterstab, diesen Sprühstab, mit den vielen, vie-

len Sternchen zur Hand und lässt es ganz tief, ganz tief in dein Bewusstsein einsickern. Alles, was mit Feuer gemacht wird, das brandmarkt uns auch ein Stück. **Ein Brennmal, was uns zum Geistigen hin transportiert. <u>Feuer ist Geist.</u>** Und der geistige Kontakt, das ist das, was in dir **Wärme ins Leben ruft.** Auch in der Kälte. Wärme, auch die ganz biologische Wärme, zu fühlen. Aber natürlich darüber hinaus, auch die **Wärme des Herzens, die Wärme des Bauches, die Wärme, das Feuer deiner Verdauung.**

Dein Verdauungsfeuer, **alles, alles ist wichtig**, und alles, **alles ist Eins. Alles ist Eins und bringt uns zum Großen und Ganzen. Und es lässt auch dich immer mehr leuchten, in die Leuchtkraft kommen. Lieber, lieber Schatz, du bist wirklich ein Schatz, im wahrsten Sinne des Wortes. Mein Schatz. Ein wunderschöner Schatz**, den ich gefunden habe, und der sich auch für mich die Zeit nimmt. Danke noch einmal dafür. Das können wir gar nicht allzu oft sagen. Ja. Wir lieben das wirklich sehr. Denn so kann der Himmel sich immer mehr auch mit der Erde vereinen. Himmel auf die Erde, Erde und Himmel, Yin und Yang, und weiblich und männlich, und auch Frau und Mann, und warm und kalt, und dunkel und hell. **Es geht auch um das Ganze, um die <u>Ganzwerdung.</u>**

Um das **Anerkennen, ja, hier bin ich. Ja, so ist es. Ja, es ist in Ordnung so. Dir ein „Ja" zu geben, für das wo du stehst, für das wo du bist. Heil ist es. Heile dich, und du bist auf dem besten Weg dazu. Heil zu sein, heil zu werden. Zu erkennen, Heil ist da. Heile dich. Und immer, wenn du bei anderen**

hilfst, in dieses Heil zu kommen, heilst du auch dich selbst damit.
Es ist nicht wichtig, ob du bei dir anfängst, oder bei anderen anfängst, im Außen anfängst, wichtig ist nur die **Heilwerdung**. Das „Heile sein" anzuerkennen. Natürlich bist du es, du bist es, innerlich vollkommen. Du bist heil, du bist heilig, du bist vollkommen. Aber, und jetzt kommt das ganz berühmte „aber", erkennen darfst du es selbst mit der Zeit. **Erkennen ist das Wichtigste.** Ihr kommt immer wiederum von Zeit zu Zeit ein Stückchen mehr dazu. Und es wird Zeiten in deinem Leben geben, da kanntest du es schon ganz wundervoll, und es wird auch diese Zeiten immer wieder geben. Aber sie sollen sich vermehren, sie sollen möglichst viel Raum in deinem Leben einnehmen. **Zu spüren, oh, alles da, alles richtig, alles heil, also heilig. Ja. Liebes, liebes Menschenkind und genau diese Weihnachts-Zeit ist etwas, wo du besonders daran denken kannst. Eine Weih-Nacht, eine geweihte Nacht. Auch hier eine Heilige Nacht. Eine heilige Botschaft wird Fleisch, wird biologisch spürbar. Der Geist inkarniert. Der Geist wird Fleisch.**
Das heißt auch, dass Gedanken von dir in die Tat umgesetzt werden können, dass du Gedanken materialisieren kannst, dass die Kraft dafür besonders stark zur Verfügung steht.
Material ist flüchtig, und trotzdem für dich hier auf Erden wichtig. **Achte deinen Körper, liebe deinen Körper**, auch wenn er nur **dein Fahrzeug** ist. Aber bitte meine Liebe, du brauchst dieses Fahrzeug hier auf Erden. **Pflege das Fahrzeug, pflege deinen Tempel, pflege deinen Körper, liebe ihn, schmeich-**

le ihn, streichle ihn, und gib ihm nur das Beste. Quäle ihn nicht, sondern tu ihm Gutes. Ja. Gehe gut mit dir um. **Wie sollte jemand Anderer mit dir gut umgehen, wenn du es nicht tust.** Wie kannst du etwas annehmen, was du noch gar nicht kennst. **Daher beginne bei dir selbst, dir Gutes zu tun. Das Verwöhnprogramm bei dir anzufangen.** Hier anzusetzen, wo es am Wichtigsten ist. Und natürlich darfst du wiederum die Schleife über das Außen machen. Aber auch zu wissen, dass es eine Spiralschleife ist. Dass es eine Schleife ist, wo du im Außen liebevoll bist, dass dies auch wiederum zu dir zurückkommt. Aber es bedarf natürlich auch des Annehmenkönnens von dir. Denn manches Mal gibt es so viele Geschenke von Außen, dass du sie gar nicht in deinem System integrieren kannst, dass du Liebe gar nicht empfangen kannst. Dass du Liebe gar nicht aufnehmen kannst in dir.

Wenn der Funke auf steinigen Boden fällt, dann verglüht er. Wenn der Funke auf einen vorgerichteten Platz fällt, vielleicht auf Heu, auf Wolle, auf Watte, auf Holz, auf ein Material, wo er auch zünden kann, dann hat er eine Chance zu zünden, zur Flamme zu werden, zum Licht zu werden, zum Feuer zu werden. Daher ist es so wichtig, dein eigenes Bett, deinen eigenen Platz zu erschaffen, warm zu machen, warm zu halten. Damit das, was von Außen kommt, auch das Liebevolle, auf einem **guten inneren Niveau** zu haben. Denn du weißt ja nie so genau, wann etwas kommt, auch von Außen. Daher ist es fantastisch, wenn du immer dein Niveau halten kannst. Wir wissen, das ist für ein Menschenkind nicht leicht, aber machbar. **Mache es. Mache es einfach, denk nicht darüber nach. Überlege nicht, halte dich nicht im Kopf auf, grüble nicht, bewerte nicht**, halte dich ganz wenig in diesem Bereich auf. Es führt zu nicht viel. **Es ist eine verlorene Zeit.** Und wir wissen, dass deine Zeit sehr erfüllt und knapp ist, aber 24 Stunden sind es trotzdem. Wie jeder andere Mensch. Jeder, jeder hat diese Zeit.

Also fülle diese Zeit mit möglichst vielen, vielen Dingen, und bitte **mache die dir bekannte Abend-Einschlafübung**. In dem du die guten Dinge, die dir widerfahren sind, zu Papier bringst und sie dir noch mal vorliest und mit einem Lächeln begleitest. **Es ist für das Menschenkind nach wie vor eine hervorragende Übung um das Bett vorzubereiten in sich selbst, in dir selbst. Damit jede Nacht für dich die Geburt des Lichtes stattfinden kann. Und jederzeit findet sie statt, jederzeit, jede Minute, jede Nacht, permanent. Aber trotzdem darfst du dieses Fest der Lichtwerdung, das du am 24. Dezember feierst, zum besonderen Anlass nehmen, um zu sehen, ahhh, so könnte es aussehen, so sieht es aus, dieses Licht.**

Und nimm nicht die Emotionen, die auch teilweise damit begleitet sind. Nimm nicht die hochgeschraubten Emotionen, die Erwartungen sind so stark. Aber **nimm die Freude, nimm das Licht, nimm die Stille in dir, gönne dir die Zeit, diese Rückkehr zu dir selbst.** Es ist ein permanenter, starker, dich auch manches Mal sehr zerrender Wechsel, von Innen und Außen und Innen, das wissen wir schon, der dir manches Mal nicht immer leicht fällt. **Halt durch, bleib dran. Unse-**

re Begleitung ist da. Unsere Liebe begleitet dich jederzeit.
Vielleicht spürst du jetzt, dass wir hinter dir stehen, vielleicht kannst du es wahrnehmen. Ganz in deinem Herzen zu sein, und keine Verführungen zuzulassen.

Ich möchte dir noch einen Satz mitgeben:

**Das Licht ist in mir,
Gott ist in mir,
ich bin das Licht, ich bin Gott.**

Du kannst auch meinen Namen immer wiederum verwenden, dieses **Jesus Christus, Jesus Christus, Jesus Christus** – und alles wird von dir weichen.

Und auch ich weiß es aus meiner Menschwerdungszeit, dass die Verführung einfach passiert, es ist so. Aber **wende dich immer an mich, an den Himmel, wende dich an mich und du bietest keine Angriffsfläche.**

Auch der **Weihrauch** ist etwas das dir dabei Unterstützung geben kann. Nicht wichtig die Form – Rauch - du kannst ihn als Rauch verwenden, räuchern. Du kannst ihn einnehmen (Olibanum). Du kannst ihn als Schmuck tragen, am Körper tragen. **Sein Geruch ist wie ein Schutz für dich.**
Hier sind die Inhaltsstoffe konzentriert, die dich auch öffnen für das Gute, die dein oberstes Zentrum öffnen, ansprechen. Ja.

Jetzt hülle ich dich in eine ganze Wolke von Weihrauch.

Wenn du magst, dann **wiederhole dies und räuchere
jeden Tag deine Wohnung damit aus.**
Dies alles ist sehr gut in der Zeit bis zum 06. Januar.
Ja.

Ich werde mich heute nicht verabschieden, denn ich
bleibe.
Ich bleibe in deinem Herzen.

Ja ich bleibe.

<u>Und ich möchte dir noch sagen:</u>
<u>Steh auf.</u>
<u>Steh auf!</u>
<u>Ja,</u>
<u>du,</u>
<u>genau du bist gemeint,</u>
<u>steh endlich auf</u>
<u>und sei mit dabei.</u>

**Ganz viel Liebe. Ich bin es, der dich über alles
liebt.**

Freude, Freude, Freude für dich.

Geburt für Neues Denken

Themen:
Neumond im Januar, Zuhause, Geborgenheit, Algen,
Körperumwandlung, Wunder-Licht, Vater-Himmel, Mut-
ter-Erde, Neue Gedanken, Mut
Zuversicht, Neue Sicht, Geburt von Neuem

Ja, guten Tag Liebes, liebes Menschenkind.

Es neigt sich heute eine Periode dem Ende zu,
wo sich Sonne und Mond begegnen im Steinbock.
Im Zeichen der Klarheit,
der Wahrheit,
wo die männlichen
und die weiblichen Energien und Kräfte
miteinander tanzen,
sich **voreinander verneigen**
in Ehrfurcht,
miteinander verschmelzen,
sich begegnen auf ganz wundersame Art.
Es ist das Yin und das Yang –
die miteinander kopulieren.
Es ist der Himmel und die Nacht,
die einander berühren.
Es ist die Begegnung die alles entfacht.
Es ist der Gradmesser.

Ja, mein Liebes, sei ganz, ganz herzlich willkommen
hier. In diesem Bereich, wo gut für dich gesorgt ist, wo
du gut aufgehoben bist, wo du auf ganz wundersame

Art begleitet bist. Wo du wie von Flügeln getragen bist, wo du ein **neues Zuhause** findest. Ein Zuhause, wo du dich gut ausstrecken kannst, wo du immer willkommen bist.

Ein Zuhause, eine Geborgenheit, in die du dich hineinbegeben darfst, immer, immer, und jederzeit. Und die Klarheit wird immer mehr in dir zunehmen. Sie wird immer mehr in dir wachsen, sie wird immer mehr Struktur in dir annehmen. **Eine Klarheit und eine Wahrheit mit Licht durchflutet, mit ganz viel Licht angereichert**. Und du mein Liebes kannst es immer wiederum häppchenweise zu dir nehmen.

Wir wissen schon, dass der ganz große **Lichtstrahl** für dich noch schwierig aufzunehmen ist. Nimm genau so viel, wie du aufnehmen kannst. Es ist auch wie mit der Nahrung. Es gibt viele wunderbare Nahrung, und trotzdem kannst du nur soviel aufnehmen, wie eben dein Tagespensum ist. Plage dich auch nicht überdimensional viel in dich aufzunehmen.

Langsam, langsam weiten sich deine Lichtzellen und können immer mehr von dieser Energie speichern. Dafür rate ich dir - um diesen Speicher etwas sensibler, dehnbarer zu machen - die **Spirella- oder auch Chlorella-Alge** zu dir zu nehmen. Sie hat die Kraft sehr viel Sauerstoff zu binden, und sehr viel Lichtenergie in deinen Körper aufnehmen zu lassen. Er kann sich dadurch, mit dieser Unterstützung, immer mehr in die Lichtkraft hineinbewegen. Und du wirst auch sehen, je mehr du Dinge beiseite lässt - die dir schaden, die deinen Körper zerstören, die deinen Körper zersetzen, die ihn um vieles schneller in die Zerstörung bringen - dass du dich, je schneller du dich von diesen Ebenen löst, trennst, verabschiedest, umso mehr Lichtenergie ist auch möglich, in dir Platz nehmen zu lassen. Zünde auch weiterhin deine **Wunder-Licht**, Sprüh- und Spre- und Sternen-Funken-Flug-, Wunderkerze, Lichtertraube an. Vielleicht legst du dir sogar einen Jahresvorrat zu, von diesen wunderbaren Dingern, die dir so bildlich zeigen, wie die **Körperumwandlung** sich vollzieht.

Ja. Und heute ist dieser sehr schöne Tag der **Vereinigung von Sonne und Mond**. Er sei ein Symbol für dich, die Kraft in dir selbst zu vereinen, nicht die Kraft im Außen, nein, die Kraft in dir selbst, darum geht es. Das Außen ist immer nur eine Möglichkeit um etwas anzuschauen, um etwas zu erkennen, um Geschenke mal zu bekommen, aber stattfinden, meine Liebe, das tut alles in dir selbst. **Die ganze Verwandlung, die passiert in dir selbst.** Manches Mal bist du geblendet im Außen, von einer Liebe, die dich wieder irgendwohin ein Stück bewegt. Und manches Mal ist die Gefahr auch sehr groß, dass dich diese Liebe im Außen von dir wegzieht. Manches Mal sage ich, es muss nicht so sein. Aber du bist es oft sehr gewohnt, dich dann von dir wegziehen zu lassen. **Daher meine große Bitte an dich Menschenkind, auch wenn du in Beziehung bist, in Liebe bist zu einer anderen Person, bleib ganz, ganz nahe bei dir selbst. Bleib ganz in dir selbst.**

Und diese dir begegnende Person,
- die **darf dir begegnen**,
  aber sie darf dich nicht einnehmen.
- Die **darf dich berühren**,
  aber sie darf dich nicht umwandeln.
- Sie **darf dich lieben**,

aber sofort musst du erkennen, dass es ein **Abbild der geistig-göttlichen Liebe** ist. Und wie gesagt, ein Abbild, **eine Form davon.** Wie ein Abzieh-Bild, wie eine Möglichkeit, eine **Berührung,** wie ein **Hauch,** wie mit einer Feder berührt, **etwas Zartes, etwas Liebevolles** soll es sein, wenn du einem Menschen begegnest, nicht Zerstörung. Der **Schmerz** soll sich in deinem Leben möglichst gering halten. Und auch dafür ist der heutige Tag sehr schön. Nimm anschließend noch etwas und verbrenne es, als Symbol des „**Schmerz Verabschiedens**", und verstreue die Asche in die Luft. Verstreue sie so in die Luft, dass sie am Boden landet, dass sie in die Erde übergehen darf, sodass du etwas **begräbst.** Sodass etwas in den Kreislauf der Erde, Mutter-Erde, zurückkehren kann. Denn auch hier ist die Verbindung von Vater und Mutter, **Vater-Himmel, Mutter-Erde.** Zwei wunderbare Pole, die dich tragen und halten, nähren und pflegen und hegen.

Du brauchst gar nichts zu tun, eigentlich gar nichts, außer hier zu sein, außer da zu sein. Außer überhaupt zu SEIN.

Das Sein, getragen von deinen wunderbaren göttlichen Eltern, das ist der Sinn. Der Sinn deines Daseins.

Das immer mehr zu erkennen, anzunehmen, zu leben, auszustrahlen, und **andere Menschen** später **zu beleuchten, mit diesem Licht anzustrahlen. Und es wird sehr viele Menschen anziehen.**

So wie das Licht einfach alles anzieht. Alle Pflanzen richten sich nach dem Lichte, alle Tiere richten sich nach dem Lichte aus, und auch der Mensch richtet sich nach der Sonne aus.

Im üblichen Tagesablauf würde der Mensch die **Mittagszeit** als die intensivste Zeit erleben, weil die Sonne hier am höchsten steht und am **intensivsten ihre Strahlkraft** versendet. Und der Mensch würde in Mitternachtszeiten am tiefsten schlafen. Weil die Sonne, Lichtbringerin, ja auf der anderen Seite der Erde ihr Licht verströmt, und daher auch du in deine dir sehr verdiente Ruhe- und Regenerationspause gehst.

Das wäre ein rein **biologischer Ablauf**, der dem Körper sehr gut tut. Ja, wir wissen schon, dass du das in deinem Zeitrhythmus nicht immer so lebst, ist schon auch in Ordnung so. Aber du musst dabei aufpassen, dass du nicht aus dem Lot springst. Dass du nicht aus deinem Gleichgewicht fällst, dass du hier nicht zu sehr verrutscht und in die Verschiebung reinkommst, denn der Körper ist einfach der Biologie unterzogen. Er ist ganz klar der Biologie unterstellt.

Daher liebes Menschenkind **ehre sehr das Licht und die Sonne, ehre sehr die Nacht und das Dunkel.** Beides sind Pole, die einfach für dich wichtig und tragend sind. Und wisse, dass es für dich sehr entscheidend ist, in der Mitte zu sein. **Herrscherin über die Biologie, Herrscherin über Dunkel und Licht, Herrscherin über Tag und Nacht.** Diese Dinge, die darfst du dir absolut untertan machen, aber **gehe sehr wach und weise damit um.** Sonst dreht es sich selbst um, und das ist nicht sehr bekömmlich für ein Menschenkind. Das ist zu anstrengend für dich. Nur in kleinen Portionen, nur in kleinen Dosen ist es zu empfehlen. Wenn du merkst, dass du aus deiner Ordnung heraus fällst - bitte verändere!

Und zum Verändern gehört, dass du **neues Gedankengut** in dich einströmen lässt. **Neue Ideen, neue**

Möglichkeiten in dich einströmen lässt. Und dass du Dinge, die dich interessieren, anfängst aufzusaugen, richtig aufzusaugen wie ein Schwamm, die neuen Möglichkeiten dir einverleibst. Deinen Leib somit auch nährst mit Neuem.
Es wird gerade eine neue Zeit geboren. Eine neue wundersame Zeit, du darfst dich darauf freuen. Ja, Freude ist angesagt. Freude, Liebe und Helligkeit. Schwermut ade.
Nimm aus diesem Wort „Schwermut" – „Mut" heraus, und lass die Schwere, lass sie am Boden liegen, lass sie zum Boden sinken, so wie alles Schwere im Wasser zu Boden sinkt. Und nimm den Mut und gehe deinen Weg. Gehe deinen Weg dem Licht entgegen.
Denn du weißt ja –

> „Licht ist in mir,
> Gott ist in mir,
> ich bin Licht,
> ich bin Gott".

Du darfst mit diesem Mantra weiter arbeiten, bis es dich noch intensiver durchdringt. Ja.

Frage nach einer persönlichen Botschaft:

Ja, mein Liebes, getragen bist du im Lichte. Getragen wie auf einem wohlig weichen Teppich, gebettet in weiße und rosa Rosen. Fühle dich darauf wohl, und freue dich des Lebens. Spiele mit dem Leben, aber liebevoll. Und richte dir eine Kuschelecke ein, in diesen Farben, ja. Eine Kuschel-Spielecke, nicht für Erwachsene, eine für Kinder, vielleicht mit einem weißen Plüschkätzchen. Eine helle lichte kuschelige Kinderecke, in die du dich sehr oft zurückziehen kannst. Sonst ist es gut. Keine Angst, es ist gesorgt für dich, es ist gut. Es ist in Ordnung. Lass **Zuversicht** einkehren. Denn in Zuversicht ist auch schon **die neue Sicht** mit integriert. Und alles ist gut.

Ja, meine Lieben, ich verabschiede mich.
Ich bin **Tobias**, der für das **neue Denken, für die Geburt von Neuem** befähigt wurde, heute das erste Mal mit dir in Kontakt, aber vielleicht auch nicht das letzte Mal.

Gegrüßet seihst du im Licht, ja.

Halleluja

Themen:
Tag und Nacht, Herzöffnung, Medium Sprache,
Süße des Lebens, Honig, Zitronenmelisse, Wasser,
Selbstliebe, Halleluja, Lichtinformation

Ja, hier bin ich.

Das war ja heute eine schwierige Geburt, das war ja anstrengend. Aber gut, jetzt steht die Line.

Wir bitten euch beim Kontakt, den wir gerne haben und den ihr gerne habt, der uns allen sehr gut tut, der für uns alle eine große Bereicherung ist, wir bitten euch, um eine **wohl gesonnene, positive, liebevolle Einstellung.**

Denn das ist die Voraussetzung, das ist die Grundlage, auf der wir Kontakt herstellen können. Wir brauchen Energie dafür, wir brauchen einen Boden dafür.

Für uns himmlischen Wesen ist es sehr wichtig, wer am anderen Ende der Leitung ist, wir können nicht überall Platz nehmen, das ist uns überhaupt nicht möglich. **Zum Platz nehmen brauchen wir einen wohl gesonnenen Platz, einen wohl gesonnenen Raum, eine wohl gesonnene Einladung.**

Das war für uns heute sehr, sehr anstrengend. Es war, wie sich durch einen unendlichen Tunnel zu bewegen, und der Tunnel schien nicht enden zu wollen. Ja das war wirklich eine Geburt. Aber hallo! Das war eine richtige Geburt für uns, damit wir hier mit dir den Kontakt leben können.

Leben ist für euch im Moment, gerade für euch Menschenkinder, gar nicht so einfach. Aber mach dir keine Bange, **Leben ist einfach Leben**. Und ganz wichtig ist es für dich, das **Leben von der Sonnenseite** anzuschauen. Es gibt immer wiederum die **unterschiedlichsten Seiten**, das weißt du ja auch von der Erde. Sie dreht sich, sie hat manches Mal ihre Seite der Sonne zugewendet und hat manches Mal ihre Seite der anderen Seite zugewendet. Das nennst du **Tag und Nacht**, also beides bedingt einander.

Das ist eine Selbstverständlichkeit auf der Erde. Daran kannst du auch gar nichts rütteln und schütteln. Du kannst dich bemühen möglichst **viel und sehr bewusst an der Lichtseite** zu sein, und trotzdem gibt es einfach auch die dunkle Seite. Und die dunkle Seite möchte ich hiermit gar nicht bewerten. Sondern, das sind eben zwei Pole. Genauso wie die Erde von zwei Polen gehalten ist, sonst gebe es euch hier überhaupt nicht.

Ihr seid auf einer polarisierten Kugel gelandet. Und das ist auch deine Aufgabe, mein Liebes, damit umzugehen.

Halte den Groll sehr klein. Wenn möglich, lasse ihn in dir überhaupt nicht aufkommen. Das brauchst du nicht, das ist nicht im Sinne der Liebe. Sondern **gestalte deinen Blick so, dass er sich der Liebe zuwendet**, das ist deine Aufgabe, sonst eigentlich nichts. Das Wort „eigentlich" das gebrauchen wir sehr absichtlich hiermit. **Liebe bitte, Liebe, Herzöffnung und sprechen**, sprechen darüber, **sprich immer aus, was ist**. Sprich, **sprich was wichtig ist**.

Denn wie soll denn dein Liebster, deine Liebste, dein Gegenüber wissen, was in dir sich bewegt. **Verwende das Medium Sprache sehr bewusst.** Sprich mit deinem Gegenüber und dann lege auch wieder die **Ruhe- und Stillephase** ein, die meditative Phase.

Auch diese beiden Dinge sollten sich abwechseln. Genauso wie sich eben die Erde dreht, in ihrer Drehbewegung. Genauso solltest du auch diese **Sprech- und diese Stillephasen abwechselnd in deinem Leben bewusst einsetzen und gestalten.**

Aber vielleicht musst du es erst mal wahrnehmen, einmal lernen damit umzugehen. Und mit dieser Stillephase, da meinen wir nicht nachdenken, nein. Sondern **im Herzen sein, in der Stille sein, in der Ruhe sein**, wo alles in deinem Herzen, oder in deinem Bauch **transformiert** werden kann, verändert werden kann, auf eine gute Ebene gebracht werden kann. Wo der Sand, der sich im Getriebe manches Mal befindet, die vielen, vielen Sandkörner sich einfach wieder verändern können, entfernt werden können. Das ist das Deine. Das ist der Bereich, mit dem Du bitte umgehen darfst.

In Liebe, in Selbstliebe, in ganz tiefer Liebe und Achtung zu dir selbst.

In Wertschätzung zu dir selbst.

Heute möchte ich dir den **Honig** an das Herz legen, denn Honig ist Balsam für dich. Nimm, bis wir uns wieder hören, jeden Tag einen Teelöffel Honig zu dir. Er wird viele **Kapillargefäße aktivieren**, er wird vieles bei dir zum Fließen bringen. Er wird vieles bei dir in deiner Zellstruktur zum Guten wenden können. Das Thema, das mit dem Honig auch verbunden ist, ist die

Süße des Lebens anzunehmen. Die Süße des Lebens zu sehen, die Süße des Lebens zu erkennen. Ja, liebes, liebes, liebes Menschenkind, das ist sehr wichtig für dich. Und als Tee bitte trinke die **Zitronenmelisse.** Wenn du sie in deinem Handel als Frischprodukt erstehen kannst, dann ist es auch gut. Aber es ist nie wichtig, welche Form du einnimmst, ob frisch oder getrocknet, oder eine andere Potenz, das ist nicht das Entscheidende. Das Entscheidende ist das Produkt. Die Zitronenmelisse, die möchten wir euch für die nächste Zeit empfehlen. Sie macht dich **fröhlicher und leichter, herzlicher**, sie wird dein Herz weicher machen. Ich spüre dich denken, ja und wie viel? Das lege ich in deine Hände, von **einer Tasse mindestens bis zu einem Liter**, wenn du möchtest, verteilt über den Tag oder den Abend. Kannst auch den Pflanzendirektsaft wählen, wenn du das möchtest. Wie gesagt, die Form ist nicht entscheidend. Die Inhaltsstoffe, die sind das Entscheidende daran.

Gesang:
Halleluja, Halleluja, Halleluja, Halleluja, Halleluja, Halleluja...............

Singt mit!

Halleluja, Halleluja, Halleluja, Halleluja, Halleluja, Halleluja, Halleluja.........

Ja, das ist das Lied des Monats, meine Liebe. Das ist das Mantra des Monats, das dich begleiten darf.

A - e - u alle wichtigen Vokale, die dich einstimmen werden. Egal wo du bist, singe es einfach. **Lass dich begleiten von dem Halleluja.**
Halleluja, Halleluja geliebte Menschheit. Lass dich liebevoll geleiten. Sei es, dass du es in dein Essen einschwingst, somit deine Nahrung auch damit bekömmlicher gestaltest. Sei es, dass du Menschen damit segnest, einfach **jemandem ein Halleluja** wünschst. Das musst du nicht aussprechen, das kannst du aussprechen, aber du musst es nicht, aber du darfst es. Aber du kannst es auch **in Gedanken zu anderen Menschen hinüber senden.** Du weißt ja schon längst, dass sprechen oder denken einfach Eines ist. Du weißt es, aber noch nicht alle Menschen wissen das.
Daher Liebes, gestalte deine Gedanken so, dass du sie jederzeit aussprechen kannst, aussprechen könntest, musst aber nicht. Aber lasse sie so einen Klang haben - lass sie so ein Niveau haben - dass du sie jederzeit aussprechen könntest. Lass möglichst wenig, wenn möglich gar nichts Anderes in deinem Kopfe Platz nehmen.
Und das Halleluja, das wird dir dabei eine sehr, sehr gute Unterstützung bieten. Hast du es gespürt, hast du es wahrgenommen. Jetzt spürst du wieder sehr deutlich, wie du im Lichte stehst. Wie du durchflutet bist vom Licht. Stimmt´s?
So eine Geburt ist halt nicht so einfach, auch für uns nicht. Daher bitten wir euch, wie gesagt, immer, immer, immer, wenn ihr mit uns den Kontakt aufnehmt, die **Schwingung** bitte anheben. Die Schwingung ist so wichtig für dich.
Liebe für euch, Liebe für dich.

Liebe für euch alle, Liebe für die Welt.
Das senden wir aus. Und wir wissen schon, dass diese Liebe oft erst durch diesen Geburtskanal durch muss, durch diesen Tunnel durch muss, bis sie Platz nehmen darf, kann, im Menschenherzen. Aber gräm dich nicht. Und das **Wasser** möchte ich dir auch noch ans Herz legen. Jedes Mal, wenn du bei dir in das Wasser steigst, in die Dusche steigst, oder auch wo immer du dein Bad nimmst, auch Schwimmbad ist gut, auch Badewanne ist gut, Tauchbecken ist gut, es spielt keine Rolle wo, aber gib dem Wasser, das deinen Körper umhüllt, gib ihm von dir aus die Information – „die Liebe umhüllt mich" – Liebe ist gleich Wasser – und gib ihm zusätzlich noch die **Lichtinformation – „Halleluja".** Halleluja.
Also jedes Mal, wenn du in dein Wasserbad steigst, in deine Dusche steigst, dann gib dem Wasser die Information – Liebe und Halleluja.
Dadurch wirst du wie **neu gereinigt, wie aufgeladen.** Dadurch kann alter anhaftender **Schlamm** sich wiederum **lösen, Verkrustungen sich auflösen, Ängste sich auflösen, Bedenken sich auflösen,** einfach viel, viel alter Schutt, der immer wiederum an die Oberfläche gebracht wird. Das ist beim Menschenkind, beim Menschenkörper so. Genauso wie es auch bei der Erde ist. Wenn du dein Beet umgräbst, oder wenn die Erde sich auch von sich aus bewegt und schüttelt, dann kommt immer wiederum etwas aus den unteren Schichten an die Oberfläche. Das ist normal, sage ich jetzt mal so. Normal, so wie ihr das Wort gebraucht. Das ist so, das ist einfach so, denn es gibt viele, viele **alte Schichten,** die sich immer wiederum mal zeigen. Aber die sind auch dazu da, **um versöhnt zu werden,**

um abgetragen zu werden. Und dafür nimmst du **Halleluja und Licht in dein Wasser.**
Generell in dein Wasser, auch wenn du deine Pflanzen gießt, die dich umgeben, auch hier bitte mit der gleichen Energieformel. Und die Pflanzen werden es dir danken, und werden es in deinen Räumen ausstrahlen. Ja, meine lieben Lichtkinder, wir lieben euch schon sehr.

Und jetzt lasst uns zum Abschied nochmals gemeinsam das "Halleluja" miteinander singen, tönen.
Damit es dich ganz wunderbar erfüllen kann.
Damit die **Halleluja-Fülle und die Lichtfülle in dir Platz nimmt.**

Gesang:
Halleluja, Halleluja, Halleluja, Halleluja.....................

Ja, wie gesagt, sei dabei. **Gib deinem Innersten einen Ausdruck, gib ihm eine Stimme, singe.**

Und jetzt geliebte Menschenkinder wünsche ich euch eine gute Zeit, bis wir uns wieder hören. Sei dabei, mache dein Ding und es wird sich sehr vieles zum Guten gestalten.
Mit viel Liebe für dich.
Michael bin ich heute, der dich heute begrüßen durfte.
Ja. Ja ich bin Michael, der dir heute das Halleluja gebracht hat, ja.

Reichtum sei mit dir

Themen:
Seelenkraft, Herzenskraft, Bewusstheit, Kraft des Wortes „Ja", Erkennungsprozess, Gib dein Bestes,
Leben leben, Gotteskraft

Guten Tag.
Guten Tag möchte ich euch sagen.
Ich möchte euch einen wunderschönen Tag wünschen.

**Einen Tag der Besinnung,
aber auch einen Tag der Bestimmung.
Einen Tag, der dir zum Guten gedeihen soll.
Einen Tag mit viel Inhalt,
aber auch einen Tag mit Nähe,
einen Tag mit berührt sein,
und einen Tag mit berührt werden,
und auch einen Tag mit Berührung zulassen.
Einen Tag mit Kontakt und mit Nähe.
Einen Tag zur Bereicherung,
einen Tag zum inneren reich werden.
Einen Tag, damit du deinen Reichtum pflegen
kannst. Damit du ihn wieder mal
ganz bewusst wahrnehmen kannst.
Deinen ganz persönlichen Reichtum.**

Fühle dich reich, **bitte fühle dich reich**. Daran liegt uns ganz viel, dass du deinen Reichtum anerkennst.

Schon oft wurde das Wort auch nur sehr einseitig be-
nutzt. Daher hast du vielleicht Angst vor diesem Wort.
Vielleicht erschreckt dich **die Kraft des Wortes**.

**Aber gestehe dir deinen eigenen Reichtum zu. Ge-
stehe dir zu, reich an Herzenskraft zu sein. Gestehe dir zu, dass deine Seelenkräfte reich entwickelt
sind. Gestehe dir ein reichhaltiges Leben zu. Und
reiche einfach weiter, reiche alles was du bei dir
schon erkannt hast, reiche es weiter.**
**Denn es geht um das Erkennen, um das Anneh-
men. Das Erkennen des Reichtums, der Größe, der
Wichtigkeit.**
Du kannst den Reichtum, von dem ich spreche, nicht
über materielle Dinge erwerben, das ist nur eine Facette davon, aber eigentlich unwichtig. **Pflege deinen
inneren Reichtum, pflege deine innere Größe, hege
und pflege sie. Gestalte sie. Lass sie einfach ihren
für sie wichtigen Platz einnehmen. <u>Bewusstheit</u> ist
das Zauberwort.**
Sei dir deines inneren Reichtums bewusst, und gestalte dein Leben danach. Und wie gesagt, **Reichtum
muss fließen**, gib ab, gib weiter von deinem eigenen
Reichtum. **Es ist wunderbar reich zu sein.** Und wie
gesagt, kaufen, kannst du dir keinen Reichtum. **Das
ist ein Erkennungsprozess in dir selbst.** Und alles
was du schon oft gemacht hast, das beherrschst du
einfach auch gut. Egal, auf welchem Gebiet du dies
anlegst. Alles was ich schon durch Übung trainiert habe, beherrsche ich gut. Und das kann mitgebracht
sein, das kann erworben sein, aber es ist da. Und das
nächste **Zauberwort**, das ich dir gerne mitgeben
möchte, das ist „**Ja**". Kurz und klein und bündig. J und

A. In a hast du schon die Herzsilbe, das a. **Das a ist der Herzlaut.** Und vom Herzen her sagst du „ja" zum Leben. **Nimm dein Leben an, nimm dich an.** Dann ist auch alles gut. Brauchst keine Angst haben, brauchst du nicht. So, wie du hier bist. Brauchst du gar nicht tun.

Und **lass nicht jede Störung**, die sich mal zeigt, lass nicht jede Störung **zu viel Raum einnehmen.** Da ist auch mal etwas, das sagt, Hallo, da bin ich, mich gibt's auch noch. Aha, dich gibt's auch, ja, da bist du wieder. O.K., begrüße sie, schaue sie an, kläre sie, und dann gehe weiter. **Lass dich nicht von Störungen vereinnahmen.** Das möchte eine Störung immer, denn sie hat Gewicht und Kraft, aber dann bitte, **gehe auch du in deine Kraft und sei die Stärkere, und zwar immer.**

Gehe du an deinen Platz, gehe du in deinen Reichtum, geh du in deine volle Größe und sei du Herr und Herrin, Meisterin über dein Leben. Denn es ist dein Leben, niemand anderes Leben ist es sonst. Es ist **dein ganz, ganz persönliches Schicksal. Und diesem solltest du gerecht werden, auf die beste Art und Weise, die dir nur möglich ist. Gib dein Bestes, nicht deine Mittelmäßigkeit, nein, gib dein Bestes.** Und zwar, in dem du immer, immer bei dir bist. Immer ganz bei dir selbst, dann ist es gut.

Wenn ich nicht bei mir selbst bin, dann ist in mir Leere, und wenn in mir Leere ist, dann ist das auch eine **Art von Mangel.** Und wenn Mangel in mir ist und Leere in mir ist, dann ist einfach niemand bei mir, dann ist einfach niemand zu Hause. Entweder du sehnst dich ständig nach jemand anderem, **in Wirklichkeit sehnst du dich nach dir selbst.** Oder du bist perma-

nent in deinem **Mangeldenken**, sodass du permanent mit äußeren Dingen diesen Mangel auszugleichen versuchst. Wobei es da einen Unterschied gibt. <u>**Du darfst alles haben, aber du musst gar nichts haben.**</u> Es ist eine Frage der Wichtigkeit. **Wichtig musst du nur dich selbst nehmen. Niemand anderem so viel Platz geben.**
Du in deiner göttlichen Art, du in deiner Gotteskraft. Du. Es ist nicht so wichtig, ob du eine Gotteskraft im Außen verehrst, oder in dir selbst, denn ihr seid einfach zusammen, es ist Eins. Und bestimmt hast du schon gemerkt, dass ich nicht von einer egozentrischen Selbstliebe spreche, nein, das ist es gar nicht, was ich dir näher bringen möchte. Sondern dieses, ganz, ganz bei dir sein, ganz in dir sein, ganz in deinem **eigenen göttlichen Reichtum** dich fühlen.
Ganz in deiner eigenen Ausstrahlung baden.
Ich weiß schon, dass das nicht immer leicht ist. Aber dafür lernst du ja auch viele Techniken kennen, anzuwenden, und kannst einfach in deiner Art ganz wunderbar das Leben leben. **Ja, Leben leben ist wunderbar und reichhaltig und sehr von Nutzen. Spüre dein Licht, fühle dich reich beschenkt. Ja.**

Wenn du möchtest, kann ich jetzt eine <u>**Frage**</u>, kann ich jetzt deine Frage beantworten.

Frage:
Was von meinem inneren Reichtum braucht mein Sohn?

Er möchte dein Herz haben, deine Herzlichkeit. Diesen Reichtum an Herzlichkeit, den kannst du im näher bringen. Er vermisst ihn, wenn er dich über längere Zeit nicht gesehen hat. Den kann sonst niemand in dieser Art bei ihm ausgleichen. Er liebt sehr deine herzliche Art, dein Herz. Er ist ein bisschen roh und spröde im Annehmen. Es fühlt sich ein bisschen wie ein rohes Land an. Da fehlt ihm die Wärme und die Feuchte auch. Schenke ihm etwas Grünes, eine Grünpflanze. Ist nicht wichtig wie groß, aber üppig soll sie sein, die blüht und Früchte trägt, damit er sich gut an dich erinnern kann. Das Orangenbäumchen wäre sehr geeignet. Damit kannst du ihm über dein Herz die Verbindungslinie halten und auch wieder aufbauen und stärken. Generell ist für ihn die Orange sowieso eine wichtige Frucht, aber unbedingt ohne chemische Zusätze. Ja, dein Herz, deine Herzlichkeit. Schenke ihm den Reichtum deines Herzens, lass ihn daran teilhaben, dann ist es gut. Ja.

Nächste Frage:
Kannst du mir sagen, was mir so schwer auf meinen Schultern liegt?

Antwort:
Angst, Angst, Angst.
Angst, Angst, Angst.
Eine tiefe Lebensangst ist da, und auch der Bauch das Sonnengeflecht das zieht sich ständig auf und zusammen. Es sind nicht nur die Schultern. Diese große Angst. Das Sonnengeflecht, das will sich ausstrahlen, das will leuchten, das will leben. Ganz viel Reinigung

ist für deine Schultern angesagt. Ganz oft unter die Dusche stehen, und den ganz heißen Strahl in den Nacken laufen lassen, damit da Entspannung rein kommt. Damit da alles was nicht hingehört, sich langsam auflösen darf. Vertrauen ist wichtig, das Vertrauen ist für dich so wichtig. Gehe in das Vertrauen, es gibt nichts, nichts Wirkliches, es gibt keinen wirklichen Grund, warum du an deiner Angst festhalten solltest. Angst ist ja auch eine Warnung, aber nein, sie ist unbegründet deine Angst in diesem Bereich. Gehe in das Vertrauen. Ersetze Angst mit Vertrauen, denn da hast du auch schon das Trauen drinnen. Und gönne dir eine schöne Massage. Gönne dir eine gute Körperentspannung. Und da ist nach wie vor das warme Wasser, das dir sehr gut tut. Vertraue, traue einfach den Menschen, fange an damit. Lerne auch hier die Reichhaltigkeit kennen. Du bist hier an einem guten Platz gelandet. Vertraue und traue dich. Ganz, ganz viel Wärme in den Nacken, in die Schultern. Da steckt auch die Lebenskraft etwas fest, da steckt die Kundalini etwas fest, da ist der Durchgang etwas blockiert. Die Yoga-Krokodilübung mache bitte jeden Tag, täglich 10 Minuten, auch eine viertel Stunde ist gut. Ja.

Nächste Frage:

Dein Reichtum hat sich zu sehr in den Körper ausgedehnt. Der hat sich sehr stark, der hat sehr stark Platz genommen in der Materie. Mit dem Reichtum ist schon der seelisch-geistige Bereich gemeint. Der seelischgeistig-spirituelle Bereich gemeint. Daher bitte wieder in Ausgleich bringen, daher bitte den Körperreichtum zurück fahren. Daher bitte, bitte, bitte den Nahrungsreichtum einschränken. Ich unterstütze dabei, ich gebe meine Unterstützung dazu.

Sonst, sonst ein bisschen Angst vor reich sein im Inneren, aber es fühlt sich vieles auch sehr gut an, vieles sehr licht an.

Und die Liebe fließen lassen. Sich nicht zu sehr plagen mit der Arbeit, nicht zu viele Gedanken und zu viel Kraft hinein investieren. Die Investition lieber für die Seelenenergie verwenden.

Ja, Liebe ist mit dir und Liebe sei auch mit dir.

Ich unterstütze dich.

Ja, dann verabschiede ich mich jetzt von euch, und **ich lasse euch mein Geschenk zurück, den Reichtum**. Ich lege ihn auf den Tisch.

**Reichtum sei mit dir.
Mein Reichtum sei mit dir.
Geben, nehmen,
fließen lassen,
das sind die Zauberworte,
die den Reichtum begleiten sollen.
Wahrnehmen,
gut heißen,
annehmen,
da sein,
ja, ja, ja.**

Sammle viele Reichtümer an, in deinem Leben. **Sehne dich danach, erweitere** sie, **dehne** sie aus, **sammle viele, viele Reichtümer in deinem Leben**, die du alle in das Nächste, weitere auch mitnehmen kannst. Alles, was du mitnehmen kannst, **alle Schätze die dich begleiten auch in die nächste Ebene, die sind von Wichtigkeit.**

Reichtum sei mit dir, gesegnet seihst du.
Gesegnet mit den Reichtümern der mannigfaltigsten Art.

Gehe den Weg des Licht- und Heilstrahls

Themen:
Wassermannqualität, Veränderung, Neue Energien, Weiterentwicklung, Fortschritt, Dream-Team Licht und Liebe, Wegbahner, Folge deinem Herzen, Licht ist Heilkraft, Heilen mit Händen, Herz-Reinigung

Liebes, liebes Menschenkind – da bist du wieder, und da bin ich wieder!

Ja, das ist schon eine Freude.
Eine Freude sich begegnen zu können.
Es ist eine Freude sich berühren zu können.
Es ist mir eine große Freude
und eine große Ehre,
das möchte ich schon hiermit klarstellen.
Hiermit festhalten und auch
immer wieder ausdrücken.

Damit du auch ganz klar weißt, wie wichtig uns diese Begegnung ist. Wie wichtig es für uns ist, dass diese Begegnung auch stattfindet. Wir lieben es, wir lieben es, Kontakt zu haben. Wir lieben es über alles, mit dir in Einklang zu sein, mit dir in einer Form zu schwingen, mit dir in einer Linie zu schwingen. Ja, das ist uns eine große Ehre, das muss mal gesagt werden. Oder auch immer wieder gesagt werden, damit du es auch in seiner Brisanz ganz klar erkennen kannst.

Tja, die Welt die ist gerade ziemlich in **Aufruhr**, die ist gerade ziemlich in **Bewegung** bei dir, denn es ist eine ungeheure **Wassermann-Energie** im Moment vorhanden. Es sind viele, viele, viele Planeten im Wassermann, es ist eine **totale Wassermann-Häufung** da.

Wassermann-Qualität heißt immer Veränderung, Veränderung, Neubeginn, neue Energien spüren. Mit neuen Energieformen arbeiten können. Es soll einfach **alles Neue in deinem Leben Platz nehmen, darf Platz nehmen. Und lasse das Alte ruhig los, lass es ziehen. Lass es ziehen.**

Und vergiss auch diesen Satz – „die alten Zeiten, ja die guten alten Zeiten" – dass da etwas besser war. Das hat aber nur mit Rückschritt zu tun. Das mag bei manchen Menschen schon so sein, aber nicht in der Ebene, wo du dich bewegst.

In der Ebene, wo du dich bewegst, da geht es immer um **Weiterentwicklung**, um weiteren **Fortschritt – du sollst wirklich fortschreiten** – und das **Tag für Tag, immer zu.** Denn mit diesem Fortschreiten, da ist auch die Welt gesichert. Im alten Denken, das weißt du selbst, dass hier immer auch sehr viel Unsicherheit, Vages noch mit drinnen ist, denn du bereitest dich ja in deiner **Seelenqualität** immer mehr vor.

Also es geht darum, **vor zu gehen, vorwärts zu gehen, vorauszugehen, weiter zu gehen, und nicht nach hinten zu schauen, nein. Das hinten, das ist dein Potenzial, auf dem du stehst, das ist wie ein Paket auf dem DU stehen kannst.** Das ist wie die Erde, auf der du einfach ganz klar mit beiden Füßen stehen kannst. Aber dieses **Vorwärtsgehen**, dieses weiter gehen, das beinhaltet ganz klar, dass du dich in die **neue Energie hinein entwickelst**. Und hinein entwickeln heißt - auch alles was da drum herum noch gewickelt ist - **abzuwickeln, dich herauszuschälen**, herauszuwickeln aus Bereichen, wo noch einiges verborgen ist. Und dann darf der **Lichtkörper** immer mehr **ins Leuchten kommen**. Das ist gewollt so meine Liebe. Und da sollst du auch weitergehen, das ist das Wichtigste, was ich dir mitgeben kann. **Weitergehen**, immer in diesem Bereich weitergehen.

Du hast vielleicht hübsche Zeiten gehabt in deinem Leben, hoffentlich gehabt. Hoffentlich auch sehr viel von diesen hübschen Zeiten gehabt.

Aber Liebes weißt du, das ist wie ein **Nähren deiner Zellen**. Das ist wie das **Gießen deiner Blume**. Wenn du Wasser bekommen hast, dann hast du dich gefreut und bist erblüht. Dazwischen hat vielleicht wieder jemand vergessen dich zu gießen, und du hast ein bisschen eine Trockenphase gehabt. Jetzt weißt du aber langsam selbst damit umzugehen und du weißt, dass du immer mehr das **Gießen selbst erledigen kannst**, du bist sozusagen eine Selbstversorgerin.

Du bist auf dem Weg dir selbst das zu geben, was du brauchst, was dir gut tut, was dich zum Erblühen bringt, was dir Liebe bringt. Denn die **Liebe**, tja die Liebe, die soll schon in dir wachsen. **Liebe und Licht** sollen sich in dir verbinden, sollen ein Bündnis eingehen. Die sollen das absolute **Dream-Team** in deinem Leben sein**, Liebe und Licht, Lichtliebe, Liebelicht.** Das soll dir einerseits vorausgehen, den Weg leuchten, es soll aber auch in dir selbst sein, in deinem Herzen, in deiner Brust, in deinem Bauch und soll deinen ganzen Körper ausstrahlen, das ist ganz wichtig mein Liebes.

Ja, **das Leuchten, das ist das Wichtigste**, was ich dir mitgeben möchte. **Leuchten soll dein Leben**, für dich leuchten, für dich die Leuchtkraft entwickeln, aber natürlich auch als ein **Lichtbild für Andere**. Diese Lichtmenschen gab es in der Geschichte immer schon, diese leuchtenden Vorbilder, um voranzugehen, und das mein Liebes, davon hast du natürlich selbst auch etwas in dir, und das möchte genährt werden. Das möchte Anerkennung bekommen von dir und das möchte auch im Außen gesehen werden. Gesehen werden, damit es für andere Menschen wie ein **Wegbahner** ist. Wie ein Vorreiter auch ist. Wie jemand, der vielleicht das erste Mal einen bestimmten Weg geht, vielleicht auch noch mit Unsicherheit, das darf schon sein, aber diese Menschen können dann anderen Menschen getrost folgen, getrost diesen Weg nachgehen.

Denn jeder Weg, der einmal gegangen ist, der ist sozusagen schon mal vorgetreten, er ist schon einmal ausgetreten, er ist schon einmal wie geebnet und andere Menschen können dann diesen Weg ebenfalls mit viel mehr Leichtigkeit gehen. Und die Unsicherheit, die wird immer mehr wegfallen, daher geliebtes Menschenkind **gehe einfach, denke nicht zu viel nach.** **Kümmere dich nicht um Hindernisse**, kümmere dich nicht um Stolpersteine, nein. Gehe einfach, **gehe, gehe und gehe**. Bitte **gehe deinen Weg**. Schaue nicht links und schaue nicht rechts, und **lass dir nichts erzählen**, nein. Lass dir nicht Bange machen von anderen Menschen. Hole dir Unterstützung für den geradlinigen , das ist in Ordnung so. **Denn der Licht- und**

Liebeweg ist etwas, was mit der Zeit die Erde im-
mer mehr durchziehen wird, die Licht- und Liebe-
wege. **Viele Licht- und Liebewege werden wie**
Straßennetze sich durch die Erde ziehen. Sie werden ihren Weg sich bahnen. Denn überall, mein geliebtes Menschenkind, **wo du Liebe eingepflanzt**
hast, da geht ein Mensch hinaus und geht seine Bahn
und geht seinen Weg, und er oder sie, dieses Menschenkind, es **hinterlässt den Liebesstrahl.** Daher ist
es auch so wichtig, möglichst viele Menschen mit dem
eigenen Liebesstrahl - wie zu befruchten - auch wenn
dir das Wort im Moment etwas zu groß erscheint. Keine Angst vor Größe, sondern **lass einfach in deiner**
liebevollen Form, andere von dir partizipieren.
Lass einfach Andere von dir kosten, lass einfach
andere Menschen von dir, von deinem Leuchten
einen Funken abbekommen. Das ist die wichtigste
Botschaft für den heutigen Tag. **Versprühe dich** Liebes **und ziehe deine Lichtbahnen, deine Lichtwege**
auf der Erde, und schaue - wenn du Menschen triffst -
dass sie einfach **bereichert** sind von dir.
Ich brauche nicht extra noch dazu sagen, dass du dadurch Alles erreichen kannst. Dass du dadurch Alles
erreichen kannst, was für dich gut ist, was für dich
richtig ist und womit du in Liebe schwingst.
Liebe alles, liebe einfach alles, denn es ist sowieso
da. Alles was da ist, kannst du auch gleich lieben,
wenn du es nicht verändern kannst. Und wenn du es
verändern möchtest, dann **verändere es mit Liebe**.
Gib einfach deine Liebe dazu, gib deine Liebe darauf
und vieles, vieles wird sich verändern. Verändern, sodass es dir wirklich sehr gut tut. Sodass es dein Herz
bereichert.

Ja, jetzt gehe mal ganz in die Stille und spüre, wie du dich eben fühlst. Das Fühlen ist so ganz entscheidend. **Folge deinem Fühlen, folge deinem Herzen, folge deinem Weg, folge dem Weg in dein Herz**, denn das Herz, das weist dir ganz klar auch deine Richtung. **Liebe einfach und zeige dein Lieben. Zeige wie ein Kind, wenn du liebst.**

Gibt es ein Thema, über das du mehr wissen möchtest?
Dann kannst du es mir jetzt sagen.

Frage von Teilnehmerin zum Heilen mit Händen.

Ja. Ja das kannst du. Die Hände, das ist die **Verlängerung des Herzens.** Wenn du in deinem Herzen bist, dann musst du einfach nur die Herzenergie über den Oberkörper, über die Schultern, über die Ober-Unterarme in die Hände schicken, und über die Hände dann einfach in die Welt hinein schicken. Ja, faße viele Dinge an und sei in deinem Herzen, sei in deinem Herzensstrom und reinige dein Herz sehr oft. Wir können das gleich zelebrieren.
Habe das Gefühl, als würdest du in deinem Herzen einfach den Wasserhahn aufdrehen und würdest deine obere Herzkammer durchspülen lassen. Stelle es dir gleich bildlich vor. Rechte obere Herzkammer einfach durchwaschen, richtig waschen, ausspülen. Linke obere Herzkammer durchspülen, waschen. Richtig mit dem Wasserstrahl durchspülen. Untere linke Herzkammer ganz stark durchwaschen, und alles was es

hier noch an Rückständen gibt, wasch sie einfach raus. Und jetzt die nächste Herzkammer, untere rechte Herzkammer auch durchwaschen, einfach waschen, waschen, waschen. Alles raus damit, was Mensch nicht braucht. Sodass nur noch die Liebe übrig bleibt. Und jetzt gib in dein Herz ganz viel von der Farbe Rosa hinein. Ganz viel von diesem Rosa hinein. Die Farbe ist wie rosa Erdbeerjoghurt, die dir vertraut ist – gib auch dieses Rosa hinein. Rosa Pudding, Rosa. Dann schick diese Liebesenergie. Denn rosa ist Liebesenergie - **Licht-Liebes-Energie** - schick die einfach über deine Arme und Hände ganz nach außen.

Natürlich kannst du damit Menschen heilen. Ja.

Nimm als deine Helferin die Gottesmutter, nimm Maria dazu. Sie wird ihren Teil noch zusätzlich geben. Denke - wenn du jemanden anfasst – „ich heile mit der Kraft der Gottesmutter Maria, mit der weiblichsten Kraft aller Kräfte". Und du wirst viel Schönes erreichen und bewirken.

Frage einer Teilnehmerin, ob diese Aussage auch für sie zutrifft.

Ja, das gilt auch für dich. Das ist universell, nimm es auch für dich, ja. Denn auch du kannst ganz wunderbar, unter dem Schutzmantel der Gottesmutter, Dinge bewirken, ja. Ja, Liebe für dich.

Ja, und nimm auch noch auf deine Hände, das gilt für euch Alle, nimm das Heilige Wasser dazu. Gib immer einen Tropfen des heiligen Wassers auf dein Herz, auf deine Brustmitte und einen Tropfen in deine Handinnenfläche. Dann kannst du mit deiner Hand diese Linie vom Herzen bis zu der Handinnenfläche einfach ausstreichen, nach beiden Seiten. Sodass sich die Herzqualität leichter bis zu den Händen fortsetzen kann. Es ist gut, wenn du dies täglich machst. Dann kannst du deine Heilqualität immens voranschreiten lassen, und zu einer großen stärkenden Kraft werden lassen. Ja. Auch der Heiltempel sollte sehr gepflegt werden. Ich möchte, dass ihr den Heiltempel ganz wunderbar gestaltet. Er ist ja dazu da, dass er sehr viel Licht kanalisieren kann, und **Licht ist gleich Heilkraft**. Diese kann sich über die Meditation immer stärker ausbreiten. Ja.

Ich schicke euch jetzt noch einmal ein Stück von mir, denn ich bin der **Heilstrahl**. Nehme mich einfach tief in dir auf.
Mit tiefer Liebe seid ihr gegrüßt.
Ich verneige mich vor dir.
Heilig - Heilig - Alles was da ist. Ja.

Jetzt

Themen:
Folge den Energien, Gemeinschaft, Gruppe, Rückzug, Transformationszeit, Vernetzung, Klarheit des Moments, Verfügbarkeit, Mannigfaltigkeit, Natur, Geist und Biologie

Hui, da komme ich mit dem Wind heruntergesaust, hui.
Mit einer Windböe, auf die kann ich mich draufsetzen, mich treiben lassen und einfach mich von der Windböe mitnehmen lassen.
Hui, hui, ja, das macht auch Spaß, sich nach links und rechts und vorne und hinten und nach oben und unten treiben lassen, sich mitnehmen lassen, sich bewegen lassen. Und genau das, mein Liebes, das darfst du auch tun. **Lass dich einfach von den Energien mitnehmen, leiste keinen Widerstand**, sondern lass dich tragen, lass dich tragen, so wie ich es gerade getan habe. Lass dich schwingen wie ein **Blatt im Winde**.
Es geht im Moment nicht darum, irgendwo festzuhalten, irgendwo das Gewicht, das Schwergewicht darauf zu legen und ganz in der Klarheit sein zu müssen. Nein das ist im Moment nicht Thema, sonder **folge den Energien**. Folge ganz klar dem, was da ist. Und schaue, was einfach in dein Leben reinkommt.

Sei offen für vieles, sei offen für alles was sich bewegt. Sei offen für alles, was da ist und sei offen dafür, was nach Gemeinschaft sich anfühlt. Sicher möchtest du im Moment viel alleine sein, das ist auch in Ordnung so. **Rückzug** ist immer gut, Rückzug **bei sich sein,** das ist immer gut, aber die zweite Variante, das sind auch die Anderen. Die Anderen, mit denen du dich bitte auch verbündest, denn die **Gruppe,** die ist im Moment für dich auch **besonders wichtig,** das **Ich und** das **Du.**

Immer wiederum ganz klar bei dir sein, **viel Zeit** mit dir, mit dir ganz persönlich in deinem Aller-Innersten bitte verbringen! Und dann hinaus, dann hinaus in eine von dir **selbst gewählte Gruppe,** die dich in deinem Prozess und in deiner eigenen Art zu denken, unterstützt.

Ich meine jetzt hier nicht die Arbeitsgruppe oder die Familiengruppe, oder Gruppen die einfach in deinem Umfeld für dich da sind. **Ich meine die Gruppe, die dich in deinem Denkprozess unterstütz und hält, begleitet-** indem ihr zusammen diese sehr bestimmte Zeit gut leben könnt. Indem ihr ganz klar miteinander Dinge auf die Erde bringt, denn es ist eine sehr intensive **Transformationszeit.** Es ist eben im Moment ein sehr **intensiver Transformationsprozess, und den sollte bitte niemand ganz alleine durchleben.** Du kannst dich wie auch immer mit deinen **Seelenfreunden** vernetzen. Aber dass du es tust, das ist wichtig. **Vernetzung,** wirklich ein Netz spannen zwischen euch, den Faden spannen zwischen euch. Und wenn es einmal schwierig ist, dann trägt dich das Netz. Wenn du dich einmal fallen lassen möchtest, dann ist das Netz der Vernetzung für dich da, um dich aufzufangen. Wie gesagt, es sollte niemand ganz alleine sein. Zieh dich zurück und sei in deiner Stille und nimm alles zu dir rein, **nimm alles was da ist als gegeben**, als einfach da.

Akzeptiere, was ist.
Bitte nichts ausgrenzen,
bitte nichts nicht haben wollen.
Bitte nichts verurteilen,
bitte nichts verachten.
Sondern sei da, wo du bist.
Sage ein Ja zu dem,
was gerade ist,
jetzt,
genau jetzt in diesem Moment.
Und spüre einmal hinein,
wie sich im Moment dieses Jetzt für dich anfühlt.

Es ist einfach nur DASEIN, jetzt, genau in diesem **Moment. Dieser Moment, jeder Moment für sich ist kostbar, er ist köstlich, gestalte ihn köstlich, bitte.** Und dieser Moment hat nichts mit morgen zu tun, dieser Moment hat auch nichts mit der nächsten Stunde oder der nächsten Minute, oder auch nicht mal mit der nächsten Sekunde zu tun. Nein, es ist immer nur **genau dieser Moment.** Ein Menschenkind ist nicht mächtig genug, um für lange Zeit vorzuarbeiten, vorzusortieren. Vorzuplanen, das ist etwas anderes, das kannst du auch. Aber **gestalten und sein**, nein, das kannst du nur im Moment. Aber das langt auch für dich. **Ganz im Moment zu sein, das erfordert deine ganze Aufmerksamkeit.** Den Moment für dich zu er-

fühlen, im Moment zu **sein**, in der **Klarheit des Momentes** zu sein. Es ist eine unendlich starke Präsenz in diesem Moment enthalten. **Jetzt**. Das ist dein neues **Zauberwort – Jetzt**. Verwende es bitte so oft wie möglich, jetzt, jetzt, jetzt. Verwende es so oft, wie du kannst. Und **fülle dieses Jetzt**, entweder mit dir selbst, mit deiner Fülle, mit deiner Ruhe mit deinem Sein, oder auch genau mit der Tätigkeit, die du eben gerade jetzt ausführst. **Handle total bewusst und klar in jedem Augenblick.** Versuche nur sehr selten mit deinen Gedanken in die Vergangenheit oder in die Gegenwart zu schweifen. Nur soviel du eben gerade musst. Soviel es eben gerade notwendig ist in deinem Tätigkeitsfeld, mehr bitte nicht. Gehe sehr **wachsam** mit dir um, die Zeit ist im Moment super, super angespannt. Jede leiseste Regung wird umgesetzt, daher **fokussiere dich total auf das jetzt. Lege deinen ganzen Fokus auf das, wo du dich gerade befindest, wo du gerade sitzt, was du gerade machst.** Das ist die Ausrichtung, bitte bleibe dabei und übe. **Gestatte dir diese Zeit und gestalte dir diese Zeit für dich.** Du befindest dich gerade in dieser ganz großen **Transformationszeit**. Vieles, **vieles will verändert werden**, vieles, vieles **will losgelassen werden**. Darum nimm einfach an, wo du jetzt bist. Liebevoll, **nimm es in Liebe an.** Kein Gram kein Groll, wenn dein Körper mal nicht so will, wie du es dir vorstellst. Es ist trotz allem zu deinem Besten, denn vieles muss auch gereinigt werden.

Und ich spüre, hui, hui, hui, wie der Wind hier bläst, und mir um die Ohren, Flügel, Nase pfeift. Es ist ein spannendes Gefühl auch, ein lustiges Gefühl **von der**

Windprise gestreichelt zu werden. Und für mich ist es ein Gefühl als würde ich liebkost werden vom Wind. Und ich habe auch große Lust, mich auf die nächste Windböe wiederum aufzuschwingen und mitzuschwingen. Aber ich bleibe noch hier. Ich stehe hier noch zur Verfügung für dich.

Ja, verfügbar sein, auch das ist etwas Wichtiges. **Sei immer für dich verfügbar.** Verfüge selbst, über alles was du dir schon eröffnet hast, welche Bereiche und Räume dir schon zur Verfügung stehen. Denn in einer Seele, **in einer Menschenseele sind alle Räume möglich.** Es kommt nur darauf an, wie viele Türen du schon geöffnet hast.

Es gibt für dich nichts, was es nicht gibt. Es hängt ganz von deiner eigenen Qualität ab, wie viele verschlossene Türen du dir bereits erobert hast. Und welche Bandbreite dir zur Verfügung steht. **Erlebe ruhig das Erdenleben in seiner Vielfalt.** Nimm als Beispiel die **Natur.** Wie vielfältig sie doch ist. Wie viele **Pflanzen** es doch gibt, wie viele **Blütenformen** es doch gibt. Wie viele **Baumformationen** sich auf der ganzen Welt befinden. Wie viele **Tierpopulationen** sich über die Welt verstreut haben. **Eine riesengroße Vielfalt.** Nimm dir daran ein Beispiel. Nicht eingrenzen – weniger ist mehr, nein, in diesem Falle nicht. Wobei ich dich aber ermuntern möchte, die **Vielfalt** ganz zu **genießen** aus deinem Innersten heraus. Aus diesem Zustande des Seins heraus. Alles ist möglich und nichts muss sein. Immer, immer wieder in dein Innerstes zurückkehren und sich dann anschauen, was hier alles ist. **Mit Wonne anschauen, was die Natur alles geschaffen hat.** Was in deiner Welt Buntes alles möglich ist. Und habe Freude daran, genieße es, stelle dich nicht dagegen, denn auch das ist. **Bewerte nicht, beurteile nicht**, was jetzt richtig wäre, oder nicht, es ist. Gehe viel in die **Natur**, bitte. Und schaue sie dir ganz bewusst an. Schaue dir an, was alles IST, bei dir. Diese unendliche **Mannigfaltigkeit, das ist das Leben.** Die **Fülle**, nicht das sich zurücknehmen. Und trotzdem, und das ist schon eine nicht ganz leichte Übung, und trotzdem sollst du **nicht in dieser Fülle hängen bleiben**, dich in dieser Fülle verzetteln, dich durch diese Fülle irritieren lassen, nein, sondern sie wahrnehmen. Sie ist. Es geht um das wahrnehmen, wie unendlich vieles da ist. **Wahrnehmen**, rein nehmen, ja sagen, vielleicht auch für gut verheißen. Lieben, **lieben lernen**. Gehe viel, viel, viel hinaus in die Natur. **Sei ganz bei dir in deinem Selbst und beobachte, genieße, rieche, freue dich daran.** That´s life. Das ist das Leben. Und das Leben, das bist auch du. **Du bist das Leben.** Auch du bist ein Teil von dieser enormen Mannigfaltigkeit. Du bist das. Und **du bist ein wundervoller Teil der Natur**, des Großen und Ganzen. Zähle dich dazu. Sei auch hier **Teil des Großen und Ganzen**, auch hier sei in der Gemeinschaft. In der Gemeinschaft der Naturschwestern und -brüder. Auch du bist ein Geschöpf der Biologie. Und du bist, wie auch alles andere, **ein Geschöpf des Großen und Ganzen, des Geistes**. Geist und Biologie haben sich vermählt. Geist und Biologie haben Hochzeit gefeiert, um dir geliebtes Menschenkind eine Schlupfmöglichkeit zu gestalten. Und das ist gut so. Es liebt dich aus tiefstem, tiefstem Herzen heraus, ja.

Möchte noch irgendjemand was wissen?
Eine Frage stellen?

Frage *zu stärker gewordenen Schmerzen.*

Es bedarf noch einer kleinen Weile, die Lernaufgabe ist noch nicht ganz erfüllt. Gönne dir noch ein bisschen Zeit, für dich. Du lernst dabei wirklich ganz im Jetzt zu sein, ganz in dir zu sein und ganz klar nur Deines zu fühlen. Aber das helle Licht ist mit dir, es ist schon sehr hell rund um dich und vieles hat sich verändert, vieles hat sich transformiert, aber wie gesagt noch nicht alles ist verbannt. Gib dir noch etwas Zeit. Licht sei mit dir. Noch mehr Licht sei mit dir. Damit das Tempo etwas erhöht wird. Es ist auch fast ein Wettkampf den du führst. Liebe auch den Körper, gib ihm die gleichwertige Ausrichtung. **Gönne dem Körper viel Gutes**, **viel Liebevolles**. Lass dich vom Wind verwöhnen, achte deinen Körper. Genuss und Freude seien mit dir, das Licht ist da, ja.

Gibt es noch eine Frage?

Dann herze, drücke, liebe ich euch für heute mal aus dem tiefsten Jetzt heraus, aus dem tiefsten Sein heraus.
Und gehe mit mir, nimm mich ganz in dich hinein.
Nimm mich an die eine Hand, nehme mich als deinen Fußschemel. Nimm mich als deine Kleidung, nimm mich als deine Nahrung. Nimm mich als Alles, was

immer ist, was dich begleitet, was dich berührt. Nimm mich, ich bin das **JETZT**, einfach jetzt.
Erfülle dich mit mir und erfühle dich mit mir. Erfülle dich mit mir und erfühle dich mit mir.
Jetzt, genau jetzt, nichts anderes.

Freude auch darüber, dass ihr die Kontaktabstände kürzer gewählt habt, danke. Das möchte ich noch sagen, danke.

Gesang:
In the moment of time
In the moment of time
In the moment of time

Jetzt steige ich auf die nächste Windböe und gehe meines Wegs, du behältst mich aber ganz tief in deinem Herzen gewahr.
Auf Wiedersehen.

Singe mit den Vögeln

Themen:
Ostern, Gründonnerstag und Karfreitag, Wärme, Welle,
Neupunkt, Erscheinungen, Licht, Liebe, Ei als Symbol,
Inständigkeit, Kraft

Guten Tag.
Die Vögel singen.
Langsam, langsam wird es in deinen Breiten wieder
warm.

Wärme ist etwas, was dir gut tut.
Wärme ist etwas, was dir Leben bringt.
Wärme ist etwas, was dich wieder spüren lässt.
Ja die Wärme, die lässt dich wieder
die Fülle wahrnehmen, auftauen.
In der Wärme kannst du dich auch spüren, fühlen.
Und das ist wichtig,
dass du dich spürst,
dass du dich fühlst, dass du dich wahrnimmst.

Rauskommen aus Angst, Kälte, Verdruss, Starre,
eiskalt sein - und hinter dir lassen,
diese Eises-starre.

Diese Woche, ist noch einmal eine Woche des kollektiven Schmerzes, des kollektiven Schmerzempfindens,
der sich auch über deine Breiten hier ausdehnt, darüber legt. Der von vielen Menschen nachempfunden
wird, und dadurch ist es auch fühlbar.

Wir, die wir den Körper verlassen haben, sind nicht darauf erpicht, dass ihr immer wiederum dieses Schmerzempfinden konserviert in euch, nein. Ihr müsst nicht immer wieder Gründonnerstag und Karfreitag in seiner Intensität nachleben. Für manche Menschen ist es wichtig und richtig, immer wieder in den Schmerz reinzugehen und dann wiederum aufzuwachen. Für manche ist es notwendig in der Welle zu sein. Lass diese Menschen in der Welle sein. Aber versuche du selbst, wenn es dir möglich ist, jedoch sagen wir, dass das das Ziel ist, aus diesen Höhen und Tiefen auszusteigen.

Das Ziel ist, in die Kontinuität des Glückes zu kommen. In die Kontinuität der Freude zu kommen und auch da zu sein, da auch zu bleiben.

Natürlich kannst du über deinen Körper, über dein Körperempfinden auch diese Wellen leben. Und immer wiederum in kranke oder auch depressive seelische Bereiche abtauchen. Das ist dann gar nichts anderes, als deinen ganz persönlichen Gründonnerstag und Karfreitag zu erleben. Natürlich kannst du ihn auch mit der Gemeinschaft, mit dem Jahresrhythmus, so in deinem Leben Platz haben lassen. Aber wie gesagt, es ist nur eine Wahlmöglichkeit. Eine Wahlmöglichkeit von ganz vielen Ebenen. Denn in anderen Kontinenten wird er auch nicht in dieser Form gelebt und hat damit auch keine allgemeine Berechtigung. Also es ist etwas, was durch eine große Gruppenenergie hervorgerufen wird. Du kannst dich immer wiederum an große Gruppenenergien anschließen, einklinken, oder auch ganz klar bei dir selbst sein und in **deiner eigenen Wertigkeit das Leben gestalten.**

Auch wenn du eine christliche Ausprägung annimmst - und das ist in Ordnung und auch gut so - dann musst du trotzdem nicht in den Schmerz hineingehen. Wisse, dass jemand anderer ja für dich in der christlichen Tradition diesen Tod schon empfunden hat, ihn gelebt hat, ihn ausgelebt hat für dich und somit die **Erlösung** ja schon stattgefunden hat.
Also freue dich an dem Gesang der Vögel.
Denn zum Zeitpunkt des Todes, des Karfreitag-Tages, war auch alles still, alles schwarz, die Vögel hörten auf zu singen. Es herrschte der absolute Null-Zustand. Der **Nullpunkt** - und es hat wieder etwas **Neues** angefangen. Und wenn du magst, dann kannst du dich sehr, sehr wunderbar **in diesen Neupunkt einklinken**.
Und es wird auch nächste Woche eine wunderbare Zeit sein, um **Erscheinungen** wahrzunehmen. Denn es war auch früher damals die Zeit, der ersten Visionen, der ersten Wahrnehmungen, des auferstandenen Christuswesen. Und mit deiner Wachheit kannst du selbst auch diesen Bildern folgen, **traue deiner Wahrnehmung**. Vielleicht sind es Schemen, vielleicht sind es nur nebelhafte Bilder, die du anfangs erkennen kannst. Vielleicht sind es anfangs mal flüchtige weiße Schatten. Wobei ein weißer Schatten, das ist ja eigentlich Licht, weiße Figuren, weiße Formen, die du erkennen kannst. Schau genau hin und bleib dran.
Habe keine Angst.
Es ist wunderbar, dem Auferstandenen zu begegnen.
Es ist wunderbar, dem Erlösten zu begegnen.
Das liebes Kind, das möchte ich dir geben als **Ausrichtung**.

Das **Licht,** das **Leuchten**, das **Auferstandene.**
Du musst nicht jedes Jahr deinen Körper kreuzigen,
nein, das musst du nicht.

Liebes Menschenkind singe mit den Vögeln.
Lass das Lied der Vögel bis an dein Herz dringen,
und immer wenn du in der Natur bist,
und das Singen der Vögel hörst,
dann hörst du auch mich.
Dann ist das eine Botschaft des Himmels an dich.

Denn das ist eine Form, wie wir uns dir auch mitteilen
können, wie wir uns dir auch zu hören geben können.
Wie wir dir auch einfach Nahe sein können. Und dann
bitte, wenn du einen Vogel zwitschern hörst, dann sei
wach, sei ganz wach. **Gehe ganz in deine Stille und**
in deine Klarheit, und spüre, was ist. Dann ist es
dran, ganz in der Ruhe zu sein. So wie auch jetzt im
Moment, geh ganz in deine innere Ruhe.

Spüre, sehe und fühle das innere Licht.

Wir lieben dich.
Wisse auch, dass du geliebt bist. Die **Liebe,** die Liebe
ist das, was du dringend in deinem Leben erfahren
sollst. Bitte **öffne dich für das Geliebtwerden.**
Nicht in der Angst liegt die Kraft, in der Liebe liegt
die Kraft.
Wenn die Liebe bei dir angekommen ist, wenn du sie
wahrnehmen kannst, dann lass sie in deinem ganzen
Körper Platz nehmen, lass sie sich ausbreiten. Und
dann, dann gibst du sie auch weiter, dann gibst du sie
an andere Menschen weiter. Du kannst die Menschen

auch erreichen – **sende an die Menschen Wärme und Liebe.** Vielleicht ist es ein Mensch oder zwei Menschen, vielleicht sind es aber auch ganz viele Menschen.

Ein wunderbares Symbol der Osterzeit, das ist das **Ei.** Dieses Symbol, das möchte ich dir nahe bringen. **Das Ei ist das Symbol für die Geburt.** Auch wenn das Ei, das du verwendest, nicht befruchtet ist, so ist der Sinn schon darin, dass ein Ei, das gelegt wurde immer befruchtet ist und immer ausgebrütet wird und aus dem Ei **neues Leben** entstehen kann. Vielleicht ist es dir auch möglich ein Ei von einem Bauernhof zu bekommen. Ein ganz natürliches Ei, aus dem noch ein Kücken schlüpfen könnte. Und sonst stellst du dir einfach dieses vor, dass aus jedem Ei ein Kücken schlüpft. Ein Ei wird nur von Tieren zu diesem Zwecke gebildet, um sich fortzupflanzen, um den Fortbestand zu erhalten. Dieses Ei, mit dieser wunderbaren **Schutzhülle.**
Das Brüten des Eies ist ein wunderbarer Vorgang der Geburt. Das Eigelb, der Dotter ist wunderbar geschützt und umhüllt, hier kann wunderbar neues Leben entstehen. Dann macht es „pick, pick", die Schale wird angepickt und ganz vorsichtig bricht eine neue Zeit an.
Ja das Ei, auch in seiner angemalten Form, mit diesen vielen bunten Farben, nimm es ganz wahr für dich. Es soll deinen Tisch bereichern. Und wenn du ein Ei verschenkst, dann tu es in diesem Bewusstsein.
Es ist nicht irgendein Lebensmittel wie alles andere eben auch, sondern genieße und verschenke es mit

dem Bewusstsein, dass diese Kapsel - für **Neues** steht.
Schau es ganz bewusst an, wie aus dem Ei das neue Leben entsteht, welche wunderbare Schutzhülle es hat.
Es hat sich etwas Wunderbares auf der Erde ereignet in der Evolution, und genauso hattest auch du diese Schutzhülle. Wunderbar wurdest auch du getragen, ausgebrütet. Auch du bist auf diese wundervolle, auf diese **sanfte Weise ins Leben** auf die Erde gekommen.
Ja das kann in anderen Formen auch sehr kraftvoll, sehr plötzlich entstehen. Aber hier auf der Erde hat es eine sanfte Form. Hier gibt es eine sanfte Übergangszeit, sodass sich eine **Seele ganz langsam einfügen** kann. Ganz langsam Kontakt nehmen kann und sich auch immer wiederum dazwischen überlegen kann, ja ist das ein richtiger Platz für mich? Oder, möchte ich hier sein? Oder, möchte ich noch eine andere Erfahrung machen? Oder vielleicht auch dieses - in der Schutzhülle sein, in dem geschützten Bereich zu sein - wieder einmal zu empfinden. Es kann ein bestimmter Zeitpunkt sein, oder die ganze volle Dauer. Aber gehe auch da sehr vertrauensvoll damit um, wenn eine Seele sehr kurze Zeit diesen Schutzraum wahrnimmt und sich dann wieder zurückzieht. **Vertraue** auch hier.
Es soll alles so sein, wie es ist, es gibt nichts auf deiner Erde, was nicht zum Besten wäre. Vertraue, dass schon alles gut und richtig ist. Vertraue.
Doch möchte ich dich ganz stark bitten, **vertraue in das Licht, in das Gute.** Gehe deinen Weg, vertraue in dich und in die Menschheit, **es ist alles wunderbar**

angelegt. Es ist nichts entglitten in der Evolution, es geht alles seinen richtigen Gang.

Wichtig ist, dass du sehr liebevoll mit deinem Körper umgehst, dass du ihm gute Dinge zur Verfügung stellst. Dinge, die deinem Körper schaden könnten lässt, einfach lässt. Darum bitte ich dich ganz inständig. Und **Inständigkeit**, das ist auch ein Wort, das wir euch gerne auf den Weg mitgeben möchten.
Gehe inständig mit dir, sei ganz tief in dir und lass dich von dir selbst, lass dich berühren. Gehe warm mit dir um, wärme deinen Körper, gib ihm das Beste, das du ihm geben kannst. Und verschone ihn vor Schadstoffen. Gib ihm das Beste, was dir möglich ist, hüte ihn, pflege ihn und hege ihn, du brauchst ihn hier auf der Erde.
Darum gehe ganz liebevoll mit dir um. Keine Zerstörung bitte. Wir möchten viel Kontakt mit euch und haben noch viel vor mit euch, aber wir brauchen **kraftvolle Menschen.**
Viel Liebe mit euch.

Das ganze **Himmelsteam** freut sich sehr euch hören zu können, dich zu treffen.
Ja, Liebe sei mit dir.

Fühle jetzt in deinen Nacken, da möchten wir dich gerne berühren, spüre in deinen Nacken hinein.
Da wirst du unsere Berührung empfinden.
Eine Berührung im Nacken von uns, dem Himmelsteam.
Ganz viel Liebe für euch.

Für die Osterzeit wünschen wir euch ein **gutes Aufer-standen-sein, ein gutes Stehen, einen guten Stand.**

Ganz viel Liebe und Licht.

Lebe mutig deine Wahrheit

Themen:
Kontakt aufnehmen, Frequenz, Klärung, Wahrnehmung,
Schleier, eigenes Energiefeld, Standpunkt, Erdenstär-
kung, Warmes Wasser

Es ist schon eine **Gratwanderung, den Kontakt auf-**
zunehmen und trotzdem auf der Erde zu sein. Das
wissen wir ganz genau, dass das für euch liebe Menschenkinder, eine absolute Gratwanderung ist.
Einerseits musst du ganz empfindsam sein, ganz,
ganz hoch geräuschempfindlich sein, damit du uns
überhaupt wahrnehmen kannst, andererseits wirst du
natürlich auch von vielen Umweltgeräuschen sehr be-
einträchtigt. Ja und das sind zwei Ebenen, die gar
nicht so leicht auseinander zu halten sind, deine **Er-**
dengeräusche, deine **Umfeldgeräusche**. Deine
Wahrnehmung, sie muss einfach sehr, sehr wach
sein, sehr offen sein. **Du musst dich in jeder Hin-**
sicht öffnen. Egal ob du sozusagen Zuhörerin bist
oder Beteiligte. Du bist immer beteiligt, mit dabei. Und
du bist immer mit **deiner Frequenz „mit dabei".** Das
möchte ich dir gerne mitteilen.
Du bist immer angeschlossen, du bist immer mit
uns in Kontakt. Manches Mal ist es intensiver, manches Mal bist du einfach etwas sanfter berührt. Das
hängt auch von dir selbst ab, wie weit du dich einge-
ben kannst, wie weit du dich einlassen kannst. Wie

weit du dich öffnen kannst, und wie weit du dich auch öffnen möchtest.

Da ist der Kontakt immer. Immer, immer ist er da - das ist wichtig für dich zu wissen. Wir sind auch sonst oft um dich herum, ganz oft. Ganz oft kannst du uns wahrnehmen, wenn du das möchtest. Dafür musst du, wie gesagt, einfach deine Wahrnehmung einsetzen. Dafür musst du versuchen, oder es einfach tun, dir selbst sagen – **ich möchte jetzt die Wahrheit. Ich öffne mich für die Wahrheit in meinem Leben.**

Das setzt etwas Klarheit voraus. Und das „etwas" nehme ich mit rein, weil wir wissen, dass die Klarheit natürlich nur anteilhaft bei dir vorhanden sein kann. Viel, viel **Klärung** bedarf es, um wirklich die **Klarheit** auf Erden ganz empfinden zu können. Meist sind es nur Splitter, die du empfinden kannst, die du auch empfangen kannst. Meist sind es nur ganz kleine **Nuancen, Facetten**, die du in deinen so genannten klaren Momenten wahrnehmen kannst. Denn viele, viele **Schleier sind über die Klarheit gelegt.** Und langsam, langsam kannst du so einen Schleier nach dem anderen für dich auch mal zur Seite schieben. Um durchzuschauen, manches Mal auch durchzuschlüpfen, durch diese vorhandenen Schleier.

Die Schleier sind nicht schlecht, nein, sie sind wichtig für dich. Und sie sind auch richtig. Denn das bedeutet Erdenleben - in seiner kleinen, für sich hergerichteten Bühne zu leben, mit den ganzen Schleiern, wie Vorhängen drumherum. Damit du dein ganz **spezielles Bild der Wahrnehmung** auch erleben kannst.

Denn es ist ganz eindeutig, dass eine andere Person, - die Erde, ihr Umfeld, ihre Mitmenschen - auch ganz anders erlebt. **Das ist ganz eindeutig deine ganz spezielle Wahrnehmung der Dinge. Es gibt keine objektive Wahrnehmung der Dinge.** Und das merkst du schon, wenn du eine andere Person nach bestimmten Dingen fragst: zum Beispiel wie sie eine bestimmte Person empfindet. Die Wahrnehmungen werden sehr, sehr unterschiedlich sein. Denn jeder Erdenbürger kann nur **wahrnehmen, aus seinem eigenen Energiefeld heraus,** aus seiner eigenen Grundwahrnehmung heraus - und kann daraus seine für ihn richtige Performance gestalten. Denn **alles möchte erlebt, gelebt, gespürt und wahrgenommen werden.** Und alles zu einer bestimmten Zeit, alles zu unterschiedlichen Zeiten, von unterschiedlichen Menschen. Daran bitte gar nicht rütteln.

Und wie viele Schleier ein Mensch in seinem Leben zur Seite zieht, kurzfristig, oder auch für einen längeren Zeitraum, oder vielleicht auch mal ganz, das liegt in seinem eigenen Ermessen. Daran bitte nicht rütteln bei anderen Menschen. Du hast keine Möglichkeit bei anderen Menschen Klarheit zu provozieren, das ist dir nicht möglich.

Aber du kannst sie natürlich bei dir selbst erlangen. Indem du immer wiederum schaust, was ist Schleier, wo ist Schleier und wo kann ich die Schleier verschieben. Manches Mal sind es ganz transparente, ganz, ganz zarte **Organza-Schleier**, ganz tüllig, ganz, ganz feine zarte **Gewebeschleier.** Manches Mal sind es auch ganz dicke Samt- und dicke **Brokatschleier,** wovon man fast schon nicht mehr von Schleier sprechen kann. Sondern das sind schon richtige kräftige Vorhänge, die sich auch bis zu **Mauern** gestalten können.

Bei dir mein Liebes, da möchte ich doch mehr von den Schleiern sprechen. Aber wissen sollst du, dass jeder Mensch die unterschiedlichsten Formen des sich – sein Weltbild erleben – aufgebaut hat. Wenn es diese **Wände** sind, die manches Mal bis zu dicken Burgwänden sein können, dann kannst du dir vorstellen, dass es auch ein sehr **rigider Standpunkt** eines Menschen ist. Hat aber nichts mit Wahrheit oder Klarheit zu tun. Er vertritt einfach diesen Standpunkt sehr starr, sehr heftig. Und manches Mal müssen auch Mauern eingerissen werden, was eben heftiger Arbeit bedarf. Das sind die sehr **aktiven Erfahrungen in eurem Leben.**

Bitte, bitte die Schwingung etwas anheben, damit ich euch besser erreichen kann. Sonst wird meine Energiebahn etwas dünn.

Gibt es Dinge, die du gerne wissen möchtest?

Frage einer Krebserkrankten, zurzeit in Chemotherapie: Was kann ich tun um die Mauer oder Schleier bei mir beiseite zu schieben.

Vorerst kannst du einmal zur **Erdenstärkung** sechs Wacholderbeeren täglich essen, oder auch als Tee aufbrühen. Damit deine Kraft wieder etwas mehr aktiviert wird, du die Beine wieder mehr auf die Erde bekommst und deine Verbindungsschnur und –Linie zur Erde wieder mehr aktiviert werden. Das ist wichtig für dich. Damit deine Beine, deine Füße, ganz klar auf der Erde sind. Das sind sie im Moment noch nicht. Dann ist es wichtig für dich, täglich deine Oberschenkel zu massieren, durchzukneten, das kannst du selbst machen, aber gönne dir auch eine Masseurin, die an deinen Füßen und Beinen arbeitet. Auch Hüfte, Oberschenkel sind ganz wichtig. Damit die Verbindung von der Wirbelsäule, vom Wirbelsäulenende zur Erde auch wiederum gestärkt wird. Diese Verbindung wieder Wurzeln bekommen kann.

Trage unbedingt bitte rote Socken, rote Strumpfhose, roten Slip. Ab dem Bauch nach unten, ab heute **rot**, nichts anderes im Moment mehr tragen, bitte. **Das ist eine Farbe, die dich vielmehr mit der Erde verbindet.** Rote Hose. Ab dem Bauch nach unten im Moment für die nächste Zeit, bitte nur rot, helles, kräftiges rot. Das wird dich mit der Erde stärker verbinden.

Und dann ist für deinen Magen Fencheltee gut geeignet, auch für deine Verdauung. Wenn du magst, manches Mal Fenchel-Körner kauen und ein bisschen Flohsamen dazu verwenden. **Im Moment ist es wichtig, die Verbindung zur Erde zu stärken, zu klären**, und sich zu überlegen, warum möchte ich auf dieser Erde leben. **Was ist der Anlass für mich, was ist der Beweggrund für mich, hier ein Erdenleben führen zu wollen.** Sonst ist viel Licht um dich herum, sehr viel Helligkeit.

Auch das Meditieren tut dir sehr gut. Und zusätzlich, davor und danach die gleiche Zeit in der Natur verbringen. Ich möchte dir raten, in **warmes Wasser** zu gehen, in angenehmes, lauwarmes Wasser, körperwarmes Wasser. Um einfach ein angenehmes Umfeld um dich, ein wohliges warmes Umfeld um dich zu spüren und dich mit dem **Schleier der Liebe** zu beschäftigen. Welchen Schleier der Liebe habe ich gewählt, was ist **meine Form der Liebe**. Wie sieht für mich

Liebe aus? **Was ist Liebe**? Und besonders im Bereich - gehe weit zurück - im Bereich der Verbundenheit noch über deinen Nabel. In der Zeit wo du noch an der Verbindungsschnur zu deiner Mutter hingst, an der Nabelschnur. Zu ganz frühen Empfindungen, wo das Menschenkind anfängt sich in der Erde, in der Erdatmosphäre einzunisten. Wo es anfängt, genährt zu werden, und wo es über seine Trägerin genährt wird.

Da gibt es einen Bereich, der sich wie im runden Turm noch befindet. Eine Facette, eine Nuance, die in diesem **runden Turm**, ja fast noch wie gefangen gehalten wird. Das Dach des Turmes ist schon gehoben, es kommt schon Licht von oben rein, nichts destotrotz sind die Turmwände noch sehr undurchlässig.

Genährt, versorgt werden zu Erdenanfangszeiten ist ein Thema, ja ist dein Thema. Und da bist du jetzt auch bereit, da bist du jetzt auch bereit dafür ein Stück weiter nach vorne und somit auch gleichzeitig rückwärts in dieses Thema einzutreten. Ja, so kann es vorangehen.

Eine Bitte an dich, arbeite diese Woche mit diesen dir angegebenen Möglichkeiten und Mitteln ganz intensiv, bis wir uns wieder hören, ja.

Frage:
Wie kann ich in meiner Wahrheit bleiben?
(Fragestellerin ist im Sternbild Fische geboren)

Antwort:
Wahrheit, Wahrheit, Wahrheit.
Was ist das schon für ein „Fischlein", Wahrheit?
Wahrheit, heute hier und morgen da. Hm. Wahrheit,
mitschwimmen, mitfließen, fließen, fließen, fließen. Für
dich ist es etwas anderes, als einen Standpunkt anzunehmen. Du hast als Möglichkeit gewählt, zwischen
allen **Schleiern hindurchzuschwimmen** und dich von
einer Ebene auch permanent in eine andere bewegen
zu können. Das ist auch eine **interessante Variante.**
Verbinde dich in nächster Zeit über einen Film mit der
Unterwasserwelt. Schaue dir genau an, wie die Bewegung des Wassers, die Wellen, die Flut, die Ebbe,
wie es viele Lebewesen des Wassers bewegt. Wie sie
mitfließen können und dürfen. **Was ist für einen
Fisch schon Wahrheit?**
Das meditieren ist für dich sehr wichtig, damit der
Standpunkt, der in dir selbst ruht, damit der Kern in dir
selbst gestärkt wird, damit in diesem Fließen mehr
Eigensubstanz da ist. Damit der **Seelenkern sich in-
tensivieren kann.** Auch für dich ist das Wasser, das
lauwarme Wasser etwas ganz wichtiges, dich darinnen
zu spüren. Zu spüren, wie geborgen ein Mensch im
warmen Wasser sein kann, um ganz in das Sein ein-
zudringen, einzutauchen, einfach in das Sein. Es geht
nicht um Besonders-Sein müssen, einfach **im Sein
sein.** Es bedarf keiner besonderen Wahrnehmungen,
sondern sich immer wieder in den **eigenen Wesens-
kern,** da auch zu sein, einzulassen, einzustimmen.

Vielleicht ihn auch manches Mal erst mal wahrnehmen. Das ist ein kleines zartes aufblühen.
Und für dich ist es gut, ganz helles am Körper zu tragen, auch weiß ist gut. Die Farbe weiß tut dir gut. Hell,
pastell, licht, zart, transparent, ganz dich in deiner
Feinheit wahrzunehmen.

Ja, und damit wünsche ich euch einen wunderbaren
Weg.

Auf Wiedersehen.

Wahrheit, Klarheit, Schleierfreiheit – später mal.
Ja.

Glücksprogramm

MORGENS

Aufwachen: dehnen, strecken, **lächeln**
und dann aufstehen.

1-2 Glas Wasser trinken (wenn möglich lauwarm)
ist die beste Körperreinigung.

Atmung bei geöffnetem Fenster:
Schultern ca.10-20 mal Richtung Ohren hochziehen -
sanft einatmen.
Schultern fallen lassen - tief ausatmen.
Erst anschließend tief einatmen und
frischen Sauerstoff aufnehmen.
Alte verbrauchte Luft muss zuerst den Körper
verlassen, bevor frischer Sauerstoff zugeführt wird!

Brustbein (Thymusdrüse) kräftig klopfen –
Energiesteigerung.

Kleider-/ Wäschefarbe bewusst wählen:
Kräftige leuchtende Farben bei Aktivität,
ruhige, dunkle oder weiße Farben, wenn du Ruhe
brauchst.

Einen glücklichen Tag!

Glücksprogramm

ABENDS:

Wenn möglich nach 19.00 Uhr keine deftigen Speisen essen, Organismus schaltet ab dieser Zeit auf Ruhe.

10 Minuten Spaziergang vorm zu Bett gehen (wirkt oft "Wunder"), lässt sie Gedanken abschalten

5 Ereignisse aufschreiben, die mir heute Freude bereitet haben, "mich lächeln ließen".
Gedanken darauf ausrichten und Wohlbefinden / Dankbarkeit / Glück spüren.
Mit positiven Gefühlen verbinden, **lächeln.**

Mit sanfter Musik (Entspannungsmusik) einschlafen ist ratsam und sehr wirkungsvoll.
(Kein Radio, da z.B. Nachrichten negativen Inhalt haben)

Lebensfreude, Gelassenheit, verstärkte Belastbarkeit und Erfolg werden sich sehr bald einstellen.
Nach ein paar Übungstagen merkst du die Wirkung und Erfolg und Glück ist dir sicher.

Eine glückselige Nacht!

Biografie

Gloria Margit Richter

Margit G. 17.9.1954 um 10.37 Uhr geboren und aufgewachsen in Gottsdorf im mystischen Waldviertel in Österreich. Viele Geschichten weben sich um diese eher ruhige und geschichtsträchtige Gegend. Sie wuchs im Schutze einer „Templer-Burganlage" aus dem 11. Jahrhundert auf. Es ist ein großer Kraftplatz an dem sich viele Energielinien treffen und ein enormes Energiepotenzial freigesetzt wird. Hier verbrachte sie die Zeit bis zum 13. und vom 18.- bis 21. Lebensjahr. Auf den Grundfesten dieser Ritterburg war das Elternhaus und der elterliche Tischler- und Möbelbetrieb gebaut. Die Schutzmauer zum Fluss hin ist gute 2 Meter dick und heute noch als aufragende Mauer erhalten.

4 Jahre im Internat ließen Margit G. in der Gemeinschaft leben, aber auch die Einsamkeit und Disziplin einer solchen Institution kennen lernen.

Anschließend folgten eine Zeit im Kloster von 4 Jahren in der Margit G. bereits unterrichtete. Dies war ihre erste Arbeitsstelle und sie lernte hier eine wunderbare, tragende Gemeinschaft kennen. Besuchte mit den Nonnen Exerzitien und lernte viel Freude, Intensität und Verbundenheit leben.

Gleichzeitig zieht sich wie ein roter Faden die Liebe durch ihr Leben. Immer wieder verliebte sie sich und wurde von der Liebe tief berührt. Es folgte eine Zeit des Suchens und Margit G. lebte 4 Jahre in Wien.

Mit 25 Jahren Umzug nach Süddeutschland, Heirat und bald bereichern und beeinflussen 2 Kinder ihr Leben. Die Kinder bringen sehr großes inneres spirituelles Wissen mit, jetzt lernt Margit G. von ihnen. Ein Kind zeichnet mit 11 Monaten bereits die Planetensymbole auf und das regt zu einer Astrologieausbildung an. Auch bestätigt ein Kind Margit G., die jetzt eine Lichtarbeiter-Ausbildung macht, wann sie mit Licht erfüllt ist und wann nicht. Welch unterstützendes Geschenk, das ein hellsichtiges Kind mitbringt!

Gloria lebt und arbeitet seit 1984 in Bietigheim-Bissingen, Haus an Haus neben dem Verlag Jakob Lorber, einem großen hellsichtigen Meister aus dem vorletzten Jahrhundert.

1991 Eröffnung einer „Beratungspraxis mit Psychologischer Astrologie".

Es folgen weitere Fort- und Ausbildungen im ganzheitlichen Bereich. Körperarbeit um körperliche Vorgänge besser verstehen zu können. Geistheilung, Meditation und Trance um tiefe innere Versenkung zu lernen.

Ausbildung zur Persönlichkeits- und Mentaltrainerin.

Mentaltraining um den Gedanken eine konstruktive Richtung geben zu können.

Es entstand eine Diplomarbeit: „Astrologie und Erfolg".

Offenheit und Medialität wurden wichtige Themen im Leben von Margit G. und hier wurde auch der Kontakt zur geistigen Welt und den aufgestiegenen Meistern bewusst aktiviert.

Es folgten 2 Aufenthalte in Frankreich/Lourdes die tiefe Einsichten bringen.

Spirituelle Namensgebung Gloria M. Richter.

Seit 1998 befindet sich ihre persönliche Arbeitsstätte im „Beginenhaus". Ein wunderbarer Platz aus dem 14. Jahrhundert, mit dicken Mauern und der Schwingung von geistig und sozial engagiert arbeitenden Frauen.

Zu dieser Zeit geistige Durchgabe des Jahrestrainings „**Leuchtrad**". Gloria arbeitet mit vielen Seminargruppen und gibt Einzelsitzungen in ihrer Lebensschule.

Auf Messen, Kongressen und im TV ist Gloria als Referentin zu ganzheitlichen Themen oft anwesend.

Von 2005-06 entstand ihr erstes Buch: „**Himmlische Unterstützung für ein Glückliches Leben**".

2007-08 wurde das Buch „**Singe mit den Vögeln**" durchgegeben und liegt jetzt vor dir.

Botschaften die gelesen werden können, aber auch als Training mit Gleichgesinnten in der Gruppe gelebt und umgesetzt werden können.

Du bist willkommen in Glorias Glücksfamilie.

Himmlische Unterstützung für ein Glückliches Leben.

Wage es, es wird sich Vieles zum Guten wenden. Mit viel Freude.

Index

H

I

207

Y

Z

Sie erreichen **Gloria** unter:

www.Lebensschule-Richter.de
lebensschule@web.de
(0049) 07142 42473   oder   (0049) 0170 48 270 98

Info und Versand:
Mariana   (0049) 0172-7407958
Anita   (0049) 0172-8709900 oder bueroschneck@aol.com

Weitere Produkte:
Sternbildschmuck mit Brillanten
Vortrag über eine geistige Heilung - CD oder MC
Persönlichkeitstraining – liebe und lebe das Leben
Glücksartikel - die dich immer an dein Ziel erinnern sollen

> Seminare und Einzelbegleitung zum Thema Glück
> Beratung mit Psychologischer Astrologie
> Lebensschule
> Seminar Leuchtrad
> Meditation
> Mentaltraining
> Persönlichkeitstraining
> Spirituelle Begleitung
> Mediale Botschaften

Bücher:
Himmlische Unterstützung für ein Glückliches Leben
ISBN 978-3-00-021422-6
Singe mit den Vögeln
ISBN 978-3-00-024377-6

Erschienen im Eigenverlag Gloria Margit Richter